ATLAS DE LA **FRANCE**

Pascal Boniface
Hubert Védrine

Cartographie
Cyrille Suss

ARMAND COLIN / **fayard**

Les auteurs remercient Magali Bernard, Sandrine Bisognin et Benoite de la Gatinais pour leur suivi efficace des différentes étapes de la rédaction de cet atlas.

Et Asmaa Benni, Mickaël Boucault, Violaine Durand, Aurélie Gaudron, Irène Simone et Laura Soares, efficaces assistants de recherche.

ISBN : 978-2-200-27168-8

www.armand-colin.fr

www.fayard.fr

Cartographie : Cyrille Suss, assisté de Donatien Cassan (partie 2)

Assistante recherche cartographie : Floriane Dutel

Conception de la couverture : Yves Tremblay

Mise en pages : Yves Tremblay

Responsable éditorial : Stéphane Bureau

Fabrication : Adeline Caillot

Crédits photos de la partie 1 : Ph Coll Archives Larbor

sommaire

1

Les grandes étapes de l'histoire de France

La France est le résultat d'une construction progressive, territoriale, mais aussi politique, culturelle, sociale. Le mythe du roman national, façonné et transmis par la IIIe République, a vécu : l'histoire de France ne se présente plus comme un récit continu et ordonné dans lequel les événements sont déterminés par l'affirmation de la Nation. Pourtant, pour comprendre la place de la France dans le monde d'aujourd'hui, ses relations avec les autres pays, un détour par l'histoire s'impose.

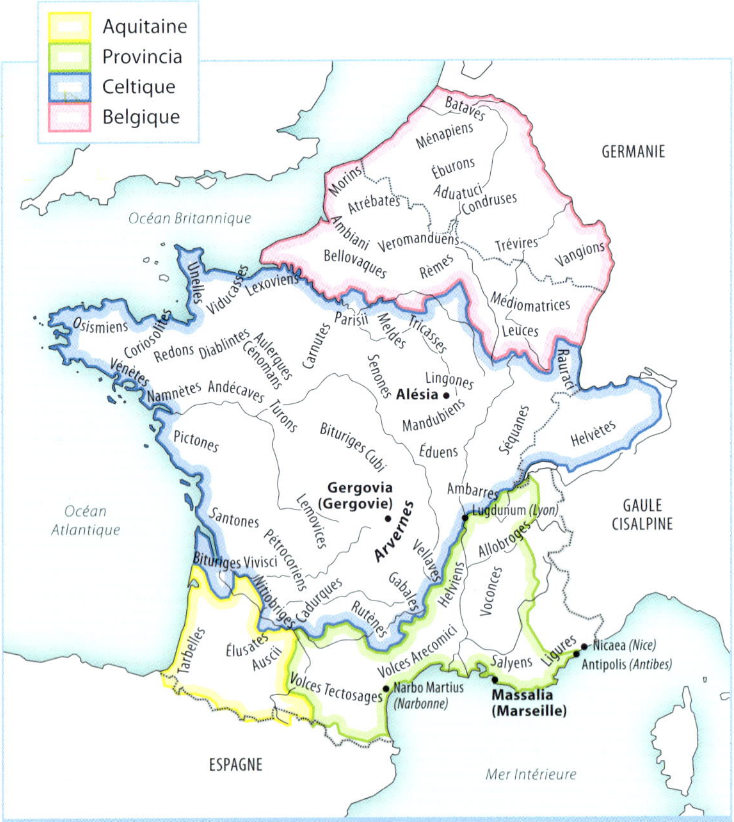

Les peuples des Gaules

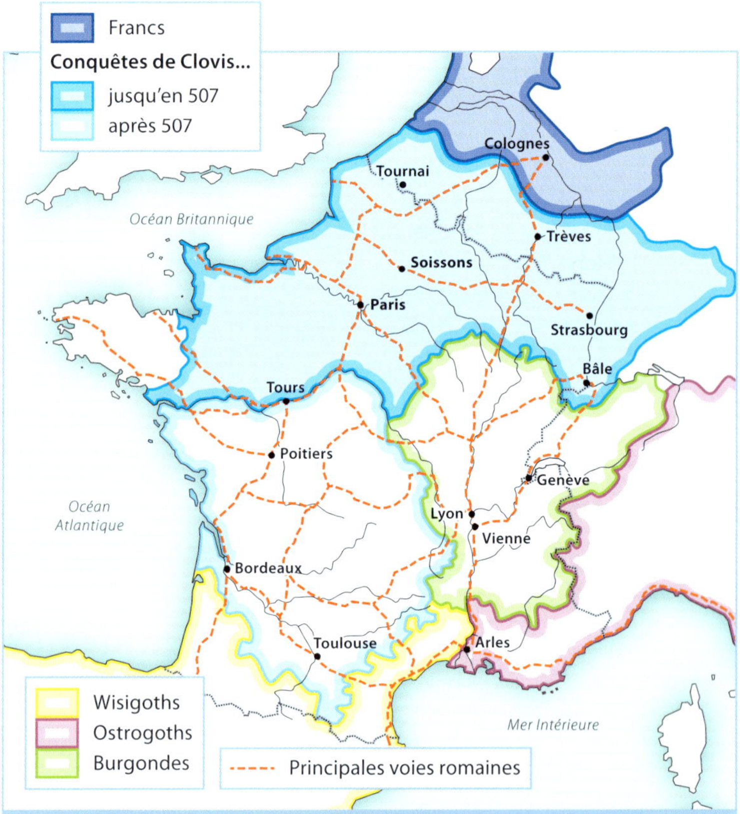

La Gaule et l'expansion franque sous Clovis

Aux origines lointaines d'une nation

La présence d'*homo erectus*, chasseurs-cueilleurs, est attestée en Provence à partir de -950 000 av. J.-C. et de -600 000 à -100 000 à Tautavel, près de Perpignan. La grotte Chauvet dans l'Ardèche est ornée de peintures remontant à -30 000. La grotte de Lascaux (-15 000) représente le sommet connu de l'art pariétal magdalénien. Au néolithique, entre -5 000 et -1 200, des Celtes, peuple indo-européen venu d'Allemagne, s'installent en Europe occidentale. La branche gauloise se fixe vers -600 à -400 sur le territoire de la future France et la rive gauche du Rhin (actuelle Belgique, Luxembourg...). Les Gaulois sont éleveurs et agriculteurs. Ils développent une métallurgie qui permet à une aristocratie guerrière, équipée d'épées d'acier et combattant à cheval, d'émerger à coté des druides – chefs religieux et « politiques » assurant la relation avec les dieux – et du peuple. La Gaule est aussi ouverte aux influences grecques, notamment depuis la fondation, par des Grecs de Phocée, six siècles avant Jésus-Christ, de la ville de Massalia (Marseille) qui entretient des échanges commerciaux avec les autres ports de la Méditerranée. Dès -120, des mouvements migratoires venus de l'Est (Teutons) parviennent jusqu'à la Gaule. Des *oppida* fortifiés sont créés par protection.

À partir du XIIe siècle avant Jésus-Christ, les Arvernes, qui habitent la future Auvergne, établissent temporairement leur domination sur les autres peuples gaulois. Toujours divisées, les tribus gauloises entretiennent cependant des relations d'intérêt. Il en va ainsi du très important commerce de l'étain, transporté par voie maritime, fluviale et terrestre depuis l'actuelle Grande-Bretagne jusqu'en Italie. Les rivalités gauloises permettent à Jules César de vaincre en -51 av. J.-C., à Alésia, le chef arverne Vercingétorix, qui l'avait battu à Gergovie un an auparavant. Soumise, cette Gaule, « chevelue » (boisée), est divisée en Gaules Belgique, Celtique et Aquitaine. Le sud de la Gaule conserve le nom de *Provincia*. La conquête permet au petit monde des tribus gauloises, devenues un ensemble gallo-romain bien intégré dans l'Empire et conscient de ses particularismes, de développer ses liens commerciaux à travers le monde connu, comme de peser politiquement et militairement. Le meilleur de l'armée de l'empereur Constantin sera constitué de troupes gauloises.

Divisées, les tribus gauloises entretiennent des relations d' intérêt

Aux siècles suivants, malgré l'édification du *limes* en « Allemagne » et de fortifications sur le Rhin, l'Empire romain a de plus en plus de mal à contenir la pression des Goths et des autres peuples venus de l'Est à partir de 160. C'est le début « des grandes invasions ». Un peuple germanique, les Francs, se fixe en Gaule Belgique. Childéric, intégré, comme certains Francs, à l'armée impériale romaine se voit confier la résistance aux invasions des Wisigoths, Goths occidentaux, eux-mêmes poussés par les Huns. Son fils, Clovis, défait successivement Syagrius le dernier général romain commandant l'armée de Gaule, les Alamans, ainsi que le roi Wisigoth. Il quitte Soissons et s'installe à Paris. Sa conversion au catholicisme lui permet d'obtenir, en 508, la protection de l'empereur romain d'Orient, Anastase et le titre de consul. À sa mort en 511, il contrôle en tant que « Roi des Francs » les trois quarts de la Gaule.

8

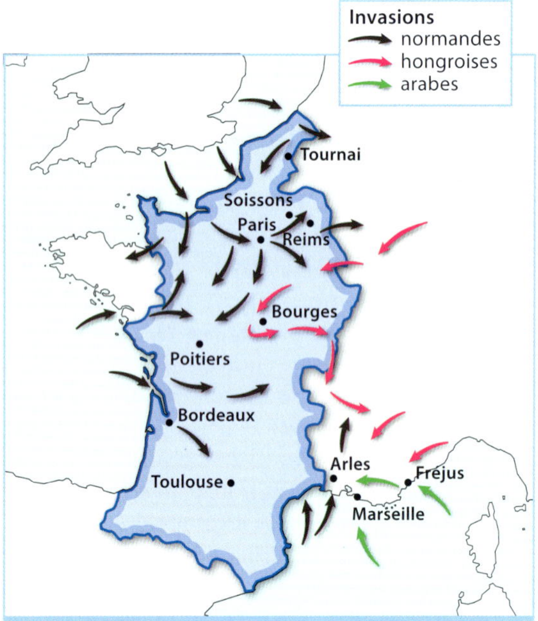

Les invasions (IXe - Xe siècle)

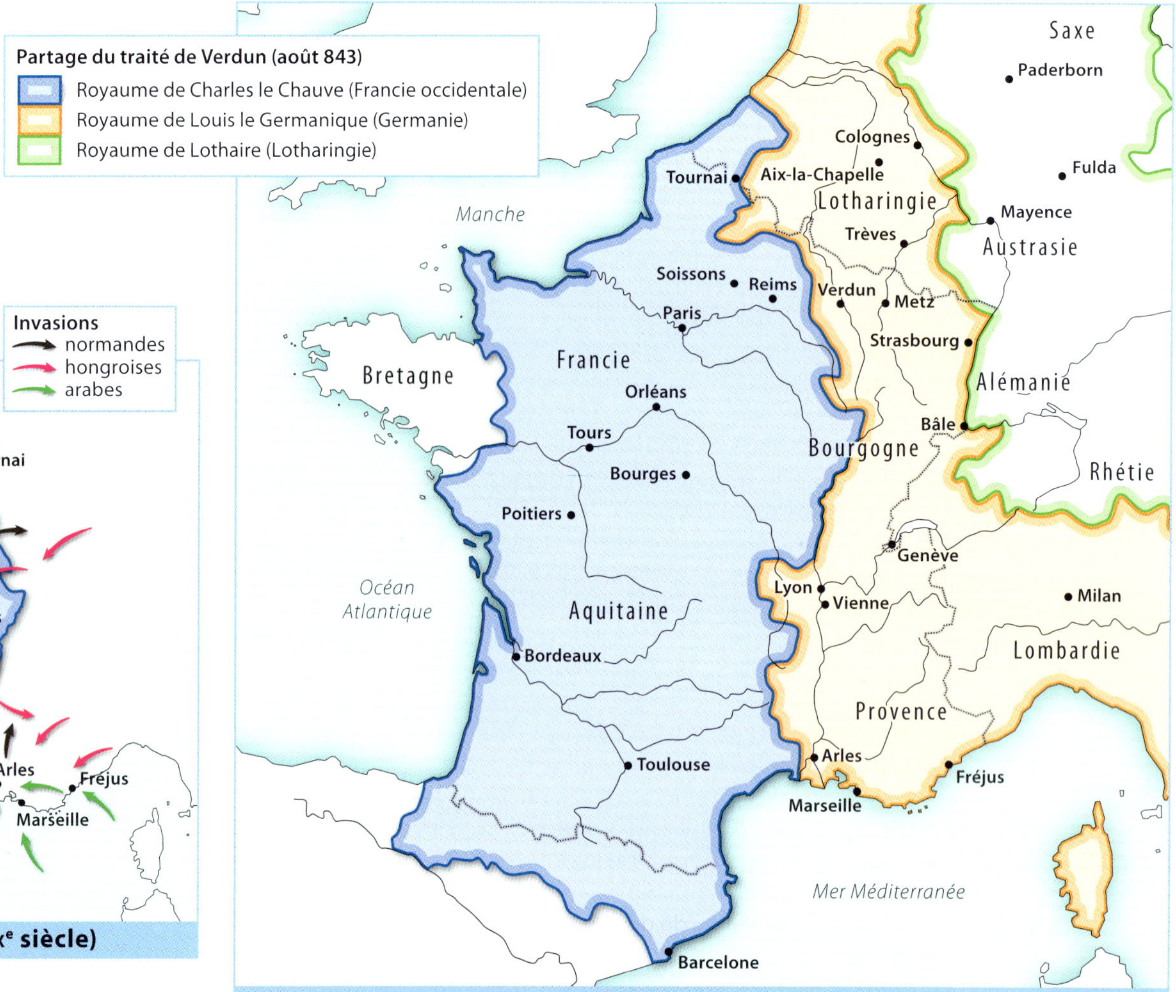

Le partage de l'empire carolingien

Des Mérovingiens à l'Europe carolingienne

À la mort de Clovis en 511, la succession est répartie entre ses héritiers mâles, en quatre royaumes, en application de la loi dite « salique » héritée des Francs Saliens. Il s'ensuit une longue période de divisions, de guerres fratricides, entrecoupée de rassemblements. Cette instabilité s'accompagne d'une montée en puissance des *Leudes*, les nobles mérovingiens. En réaction, le roi Clotaire II (613-629) réunit à Paris une assemblée d'évêques et de membres de l'aristocratie. Il leur accorde des privilèges, en échange de la reconnaissance des prérogatives royales. L'aristocratie renforce peu à peu son implantation, en obtenant que les agents royaux soient issus des territoires qu'ils administrent. Malgré l'unité retrouvée sous Dagobert, la puissance de la dynastie décroît, son prestige militaire aussi, condamnant le pouvoir à passer peu à peu entre les mains de puissants riches « maires du palais », Ébroïn, Pépin de Landen, Pépin de Herstal et surtout Charles Martel. Ce dernier rétablit une nouvelle fois l'unité du royaume franc, grâce notamment à sa victoire sur les Sarrasins (musulmans venus d'Espagne) à la bataille de Poitiers (732). Il assoit son pouvoir sur les aristocraties locales et se présente comme le défenseur de la chrétienté occidentale : une mise en scène vouée à durer. Son fils, Pépin le Bref, après en avoir demandé l'autorisation au pape, met fin à la dynastie mérovingienne. Il se fait proclamer roi à Soissons en 751 et crée les fondements d'une royauté sacrée. C'est bien évidemment Charlemagne (Carolus Magnus), fils de Pépin, qui marque la plus grande réussite de cette nouvelle dynastie franque dite carolingienne. Sous son autorité, il unifie la majeure partie de l'Europe chrétienne et se fait couronner empereur par le pape en 800. Cette brillante construction, dont le christianisme reste le seul véritable ciment, s'avère cependant d'une extrême fragilité, car elle associe des territoires fort différents, dans le cadre d'un gouvernement peu centralisé. L'empire échoit à Louis le Pieux en 814, puis, à la mort de ce dernier, à ses trois fils : Lothaire, Charles et Louis. En 842, la tentative d'union de Charles et de Louis a donné naissance aux Serments de Strasbourg, le plus ancien témoignage écrit en langue romane. Mais un an plus tard, en 843, l'empire est définitivement partagé : la *respublica christiana* carolingienne a vécu, laissant des traces vivaces dans les cultures nationales européennes. La part centrale de cet empire, ainsi que la couronne impériale reviennent à Lothaire, la part orientale à Louis le Germanique. Charles le Chauve, roi de la Francie occidentale, hérite d'une situation peu favorable qui le contraint à s'associer à une partie de l'épiscopat, ainsi qu'à quelques grands du royaume. Touché par les invasions vikings, les raids de pirates musulmans et la perte de la légitimité dynastique, l'empire se disloque définitivement en 888. Ces territoires fragmentés, confrontés aux raids extérieurs, connaissent désormais leur propre évolution où la logique régionale, voire locale, l'emporte.

L'empire carolingien reste fragile et peu centralisé

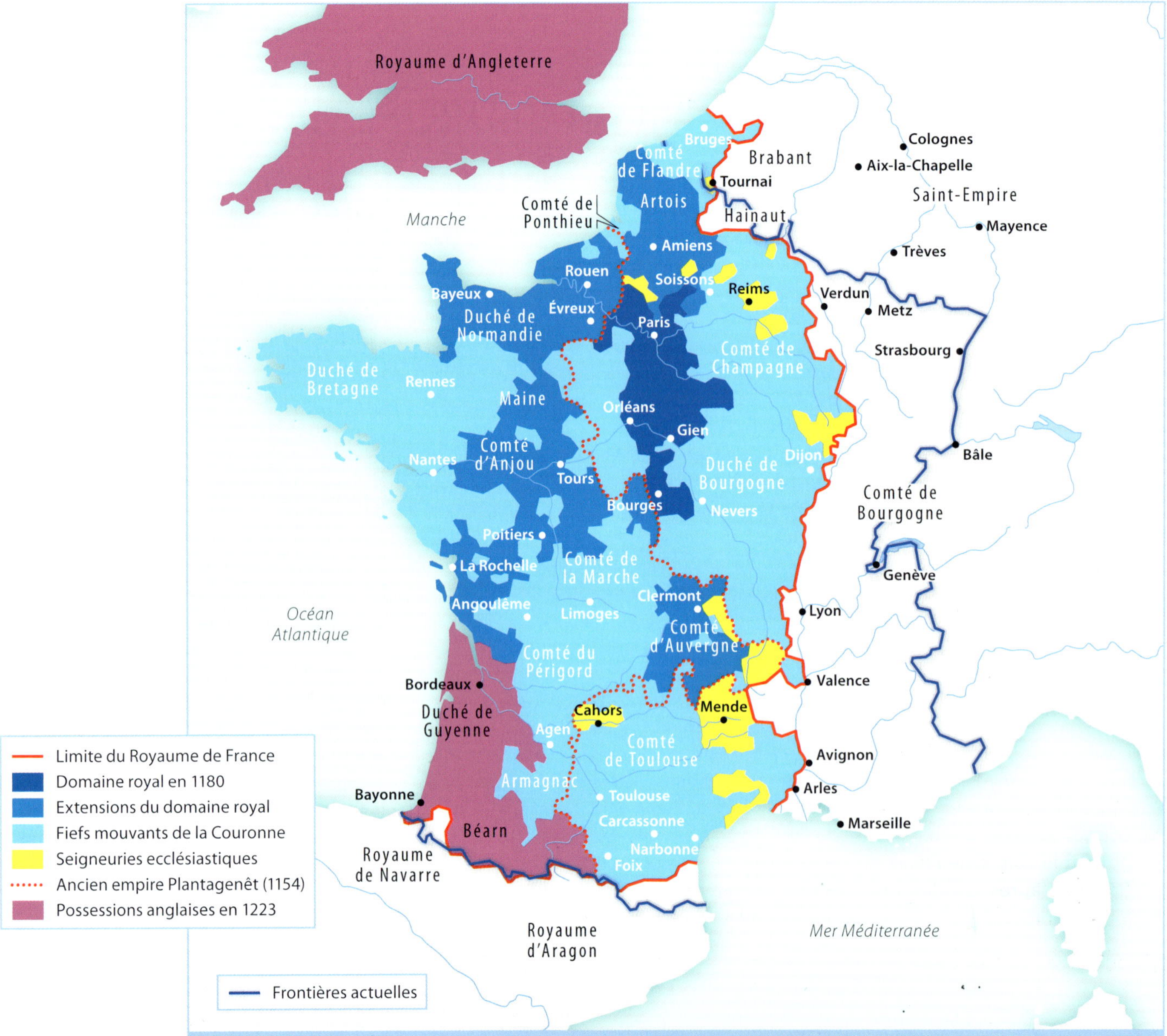

La France de Philippe Auguste

De la Francie occidentale au royaume de France

En 987, le trône de la Francie occidentale passe entre les mains d'Hugues Capet, choisi comme roi par l'assemblée des grands réunis à Senlis et consacré peu après dans la cathédrale de Noyon.

Cette substitution dynastique marque l'avènement des Capétiens, appelés ainsi dès la fin du XIIe siècle, et qui régneront mille ans : Capétiens directs, puis Valois, Bourbons, Orléans. Bien que son domaine royal soit alors fort limité (Paris, Compiègne, Orléans, et leurs environs) Hugues Capet, comme ses prédécesseurs Carolingiens, se revendique roi des Francs et héritier de la tradition franque. Il doit cependant composer avec de nombreux princes, notamment les ducs d'Aquitaine, de Normandie (descendants des Vikings), de Bourgogne, les comtes de Bretagne, de Flandre et de Blois qui échappent largement à son autorité. Son fils aîné, Robert le Pieux (996-1031), associé à la fonction royale du vivant de son père, inaugure une tenace et persévérante politique d'élargissement du domaine royal, poursuivie au fil des siècles par acquisitions, conquêtes ou arrangements matrimoniaux. Il obtient le comté de Flandre par alliance et s'impose, après une longue guerre, au duc de Bourgogne.

Son petit-fils, Philippe Ier, qui règne de 1060 à 1108, acquiert le Gatinais, le Vexin et Bourges, mais il est confronté à la parcellisation du royaume et à la montée en puissance d'un de ses vassaux, Guillaume le Conquérant, duc de Normandie, devenu roi d'Angleterre en 1066.

Louis VI le Gros (1108-1137) qui hérite de la rivalité naissante avec le trône d'Angleterre, réussit à rassembler ses grands vassaux pour contenir les appétits anglais. Il conforte ainsi son autorité et apparaît comme le garant d'une forme d'unité « nationale » avant la lettre. Il répète symboliquement le geste de Charlemagne en allant chercher l'oriflamme à Saint-Denis.

Les Capétiens débutent un règne de près de mille ans

Son fils, Louis VII le Jeune (1137-1180) épouse Aliénor, héritière unique du duc d'Aquitaine et étend le domaine royal vers le sud-ouest. Il participe à la deuxième croisade (1147-1149) et étoffe l'administration centrale. En 1152, faute d'avoir eu un héritier mâle avec Aliénor, il obtient l'annulation de son mariage. Mais Aliénor se remarie avec le comte d'Anjou, Henri de Plantagenêt qui devient roi d'Angleterre en 1154, sous le nom d'Henri II. Le conflit « franco-anglais » s'intensifie et tourne à l'avantage de Louis VII qui profite notamment des rivalités régionales et des divisions entre les fils du roi d'Angleterre.

Philippe Auguste poursuit ce travail d'extension du domaine royal, d'abord au détriment de Richard Ier Cœur de Lion, roi d'Angleterre, puis de son successeur Jean sans Terre. Après avoir obtenu l'allégeance du duc de Bretagne et des comtes d'Anjou, du Maine et de Touraine, il fait reconnaître par Jean sans Terre la suzeraineté du roi de France sur les possessions françaises des Plantagenêt. Il conquiert ensuite la Normandie et la vallée de la Loire et remporte, en 1214, la bataille de Bouvines face au roi d'Angleterre et à l'empereur romain germanique. À sa mort, le domaine royal est mieux administré et mieux géré. Il représente alors le tiers de la France actuelle où Paris commence à jouer un rôle à part. En outre, Philippe Auguste prolonge l'action de son père Louis VII qui a établi des liens privilégiés avec l'Église et l'épiscopat français. La France reste à inventer mais la royauté a su mettre en place les conditions privilégiées de sa pratique du pouvoir.

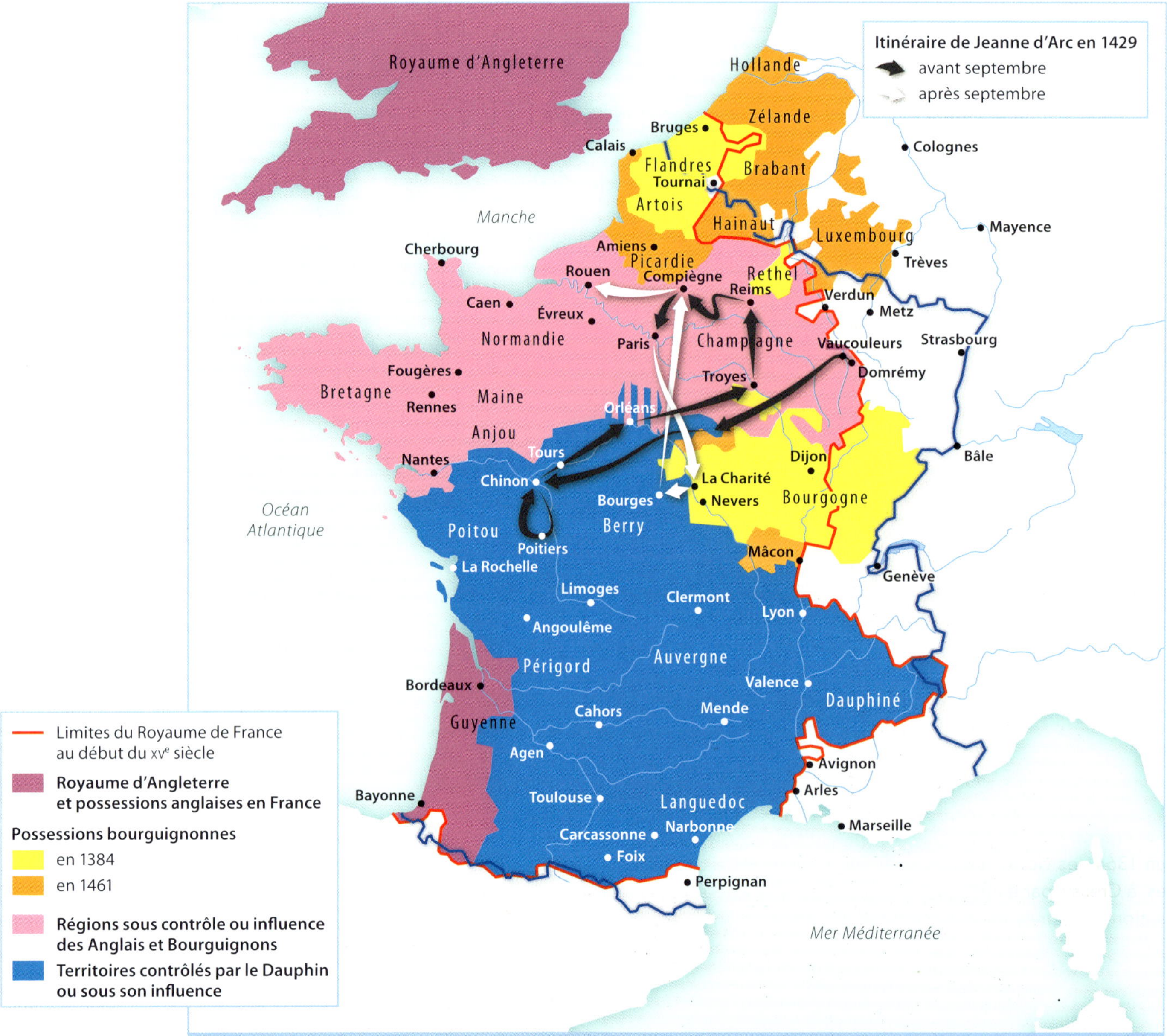

La France à l'époque de Jeanne d'Arc

La lutte franco-anglaise, la guerre de Cent Ans

En 1259, Louis IX (Saint Louis) rétrocède au roi d'Angleterre la suzeraineté sur une part du sud-ouest du royaume de France. En contrepartie, ce dernier rend au roi de France l'hommage féodal, qui marque la fin de la rivalité entre les deux rois. L'autorité du souverain, la centralisation administrative du royaume se renforcent peu à peu.

En 1328, faute d'héritier mâle, la succession à la couronne de France échoit à la famille des Valois. Le nouveau roi, Philippe VI est immédiatement confronté aux tensions avec l'Angleterre, à propos des Flandres, de l'Écosse, de la Guyenne. Son ascension au trône provoque la colère du roi d'Angleterre et duc d'Aquitaine, Édouard III. Pour s'opposer aux prétentions françaises d'Édouard III, Philippe VI lui confisque le duché de Guyenne, provoquant les représailles d'Édouard III qui refuse de prêter hommage au roi de France. C'est le début de la guerre de Cent Ans, qui dure en réalité cent seize ans (entre 1337 et 1453) et qui oppose les Plantagenêts et les Valois. Elle marque l'aboutissement des conflits territoriaux entre la France et l'Angleterre.

Jusqu'en 1364, les victoires anglaises sont nombreuses, à Cressy, par exemple, où la professionnalisation de l'armée anglaise l'emporte sur la chevalerie française. Édouard III s'empare de Calais qui reste sous domination anglaise jusqu'au XVIe siècle.

En 1360, par le traité de Brétigny, la France accepte la souveraineté anglaise sur l'Aquitaine, la Guyenne et Calais, tandis qu'Édouard III abandonne ses revendications sur le royaume de France et reconnaît la dynastie des Valois. Mais le nouveau roi de France, Charles V le Sage (1364-1380), dénonce ce traité et reconstitue une armée autour de grands chefs de guerre (du Guesclin), préférés à la noblesse traditionnelle. Il entame la reconquête progressive du territoire français, pendant que les Anglais poursuivent les grandes chevauchées destructrices dans les campagnes. Il restaure le pouvoir royal et récupère à son profit le sentiment national naissant. En 1375, les Anglais ne possèdent plus que Calais, Cherbourg, Brest, Bordeaux, Bayonne et quelques forteresses dans le Massif central.

La guerre fait naître une nouvelle culture nationale

Les deux États font ensuite face à une guerre civile, attisée par des questions de pouvoir et de succession. Ainsi, au début du XVe siècle, le roi Henri IV d'Angleterre réaffirme ses ambitions sur la France et profite de la guerre civile française opposant les Bourguignons et les Armagnacs. Henri V, qui se proclame roi de France en 1415, débarque en Normandie. L'alliance des Bourguignons et des Armagnacs n'y fait rien : les troupes françaises sont écrasées à Azincourt. Affaibli, le royaume est alors divisé en trois parties : le duché de Bourgogne, la France anglaise d'Henri VI et le royaume résiduel de Charles VII, le « roi de Bourges » qui confie à Jeanne d'Arc une troupe de chevaliers. Dès le 29 avril 1429, entrée dans Orléans, elle entame la reconquête des bastides anglaises. Les victoires se succèdent jusqu'au sacre de Charles VII à Reims. Puis, Jeanne d'Arc perd peu à peu de son influence. Capturée au cours du siège de Paris, elle est condamnée et brûlée vive en 1431. Néanmoins, les Anglais sont en recul : la reconquête française est en marche jusqu'à la reprise de la Guyenne en 1453.

Au-delà des querelles dynastiques, la guerre de Cent Ans a marqué un tournant dans les rapports entretenus par les sujets et le pays qu'ils défendent. Le souvenir laissé dans les mémoires des deux pays s'explique aussi par l'émergence de cette nouvelle culture « nationale ».

L'Europe des traités de Westphalie

La menace du Saint Empire romain germanique

Le XVIe et le début du XVIIe siècle sont marqués par la rivalité entre la France et la maison de Habsbourg qui trouvent dans la péninsule italienne un premier terrain d'affrontement. François Ier revendique notamment le Milanais dont il s'empare en 1515 après la bataille de Marignan. Mais une coalition se met en place autour de Charles Quint, souverain d'Espagne, empereur du Saint Empire romain germanique et d'Henri VIII d'Angleterre. Battu, fait prisonnier, François Ier est contraint, par le traité de Madrid, de renoncer à ses prétentions italiennes et d'épouser la sœur de Charles Quint auquel il cède la Bourgogne. Libéré, François Ier rejette le traité précédent et forme une coalition anti-Charles Quint avec l'Angleterre, les États pontificaux, les Principautés italiennes. La coalition envahit l'Italie et siège devant Naples, tandis que Rome est pillée par l'armée impériale. En 1529, « la paix des dames » (traité de Cambrai) met une fin provisoire à la rivalité entre la France et la maison d'Autriche. François Ier épouse la sœur de l'Empereur, garde la Bourgogne, mais renonce à l'Artois, la Flandre et l'Italie.

François Ier préfère cependant soutenir les ennemis de Charles Quint, notamment les princes allemands réformés et Henri VIII d'Angleterre. Il conclut aussi une alliance de revers surprenante – mais profitable militairement et commercialement – avec Soliman le Magnifique, chef de l'Empire ottoman : l'intérêt national l'emporte sur la différence religieuse entre chrétiens et musulmans. Au contraire, Charles Quint qui se présente comme le défenseur de la foi est soutenu par le pape Paul III. En 1535, toujours pour conquérir le duché de Milan, François Ier provoque une huitième guerre d'Italie. Une trêve est proclamée en 1538, favorisée par le pape qui cherche à s'unir contre le danger protestant et partir en croisade contre les Turcs. Mais elle est rompue quatre ans plus tard. En 1544, une nouvelle paix est signée avec le Saint Empire à Crépy : Charles Quint renonce à la Bourgogne, François Ier gagne le Piémont et la Savoie, cède l'Artois, la Flandre, le duché de Milan et le royaume de Naples. Son troisième fils, Charles d'Orléans, est marié à Anne d'Autriche, nièce de l'empereur, avec le Milanais en dot.

Les traités de Westphalie organisèrent l' Europe pour deux siècles

La paix du Cateau-Cambrésis, en 1559, met définitivement fin au conflit entre les Habsbourg et les Français. La France abandonne sa politique d'intervention en Italie et renonce à la Savoie, au Piémont et à la Corse. Elle conserve néanmoins Metz, Toul et Verdun acquis par Henri II, successeur de François Ier.

Mais l'Europe n'est pas à l'abri de nouvelles tensions : les conflits religieux entre catholiques et protestants vont bouleverser l'équilibre établi et ébranler l'Empire. En 1618, la guerre de 30 ans éclate : elle oppose les Habsbourg d'Espagne et du Saint Empire romain germanique aux États allemands protestants du Saint Empire. Charles X et Richelieu se tiennent à l'écart des combats tout en soutenant les princes protestants allemands pour affaiblir les Habsbourg. Les Pays-Bas espagnols se retrouvent isolés du reste de l'Empire et, en 1648, Condé gagne la bataille de Lens sur les Espagnols. Après la signature des traités de Westphalie en 1648 – triomphe de la politique de Richelieu-Mazarin –, le Saint Empire romain germanique éclate en 350 entités politiques souveraines : c'est la naissance de l'État moderne avec la victoire de l'absolutisme.

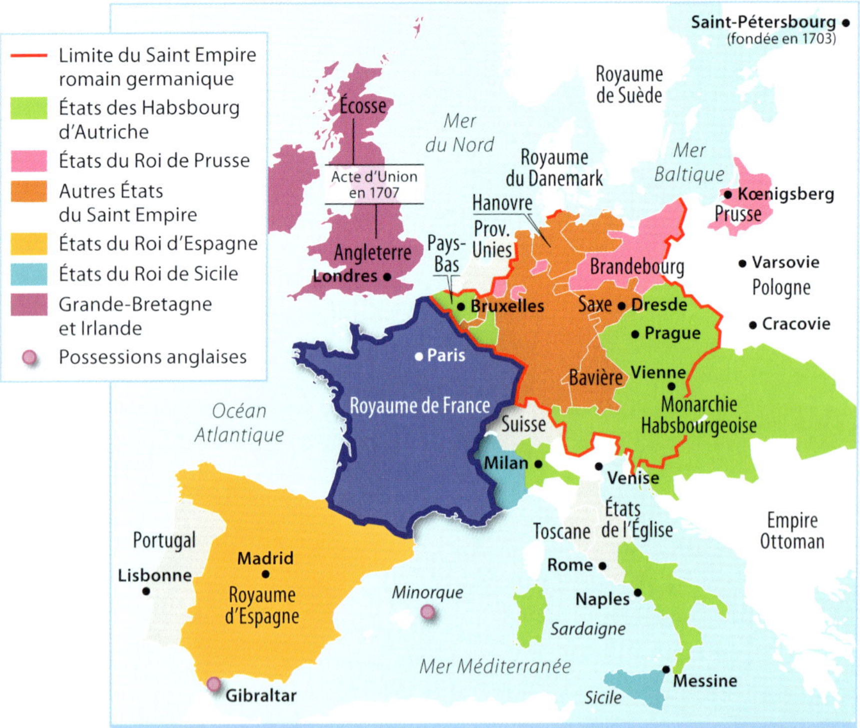

L'Europe des traités d'Utrecht et de Rastadt (1714)

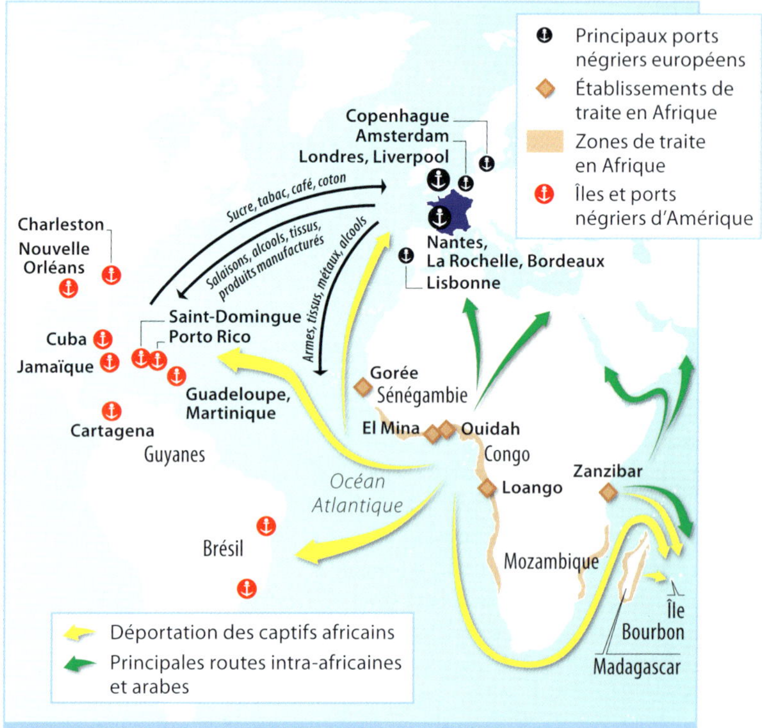

Commerce triangulaire et circuit de la traite négrière

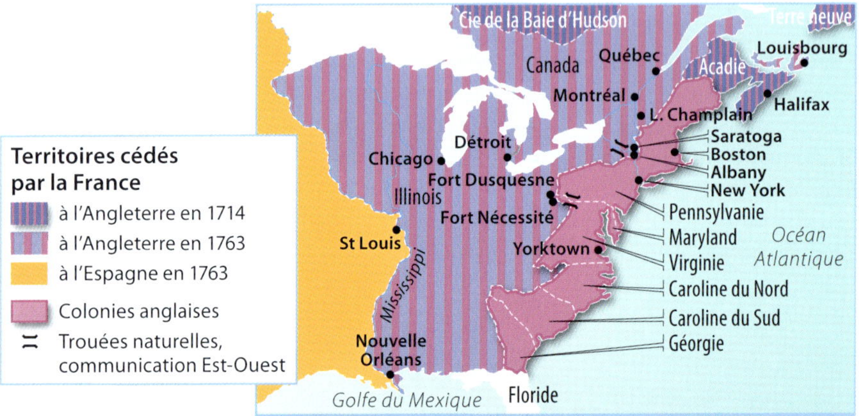

Les Français en Amérique du Nord au XVIIIe siècle

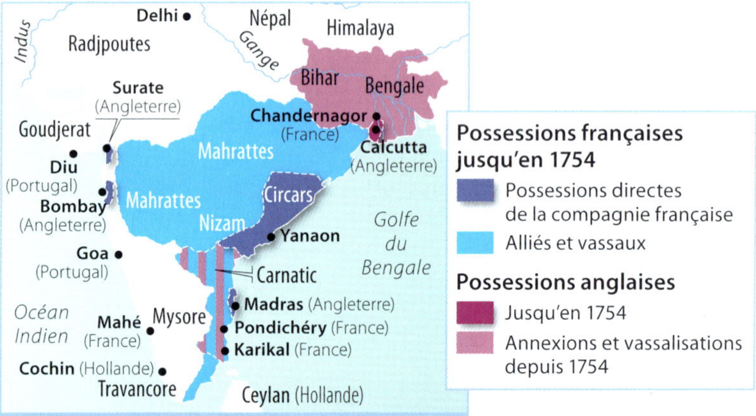

Les Français en Inde au XVIIIe siècle

Louis XIV ou l'ambition de dominer l'Europe

Louis XIV succède à son père, Louis XIII, en 1643. La France, gouvernée par Anne d'Autriche et le cardinal Mazarin, reste en guerre contre l'Espagne jusqu'à la signature du traité des Pyrénées en 1659. La France obtient l'Artois, le Roussillon, plusieurs places fortes en Flandre et Louis XIV épouse l'Infante d'Espagne. À la mort de Mazarin en 1661, la France est la première puissance en Europe, les Bourbons dominent les Habsbourg et Louis XIV se lance dans une série de guerres.

Mais le conflit contre les Espagnols reprend à la mort de Philippe IV d'Espagne en 1665. Louis XIV revendique l'héritage de son épouse et fait valoir ses prétentions sur le royaume espagnol. Il convoite également les Provinces-Unies. Ses ambitions suscitent l'inquiétude de l'Europe et conduisent les Habsbourg à se réconcilier avec les puissances protestantes. Louis XIV refuse aussi de participer à la défense de Vienne contre l'Empire ottoman. En révoquant l'édit de Nantes en 1685, il met un terme à la politique d'alliances entre catholiques et protestants poursuivie depuis François Ier. Face aux ambitions territoriales et européennes françaises, vers l'est principalement, protestants et catholiques se réunissent dans la ligue d'Augsbourg. La paix signée en 1697 laisse une France victorieuse mais sa suprématie en Europe est contestée par l'Empire d'un côté, et le couple anglo-hollandais de l'autre.

La guerre de succession d'Espagne provoque alors un nouvel affrontement européen car les deux grandes familles régnantes, Habsbourg (Autriche) et Bourbons (France) revendiquent le trône. Le conflit, qui prend fin en 1715, modifie l'équilibre européen : Philippe V d'Espagne renonce au trône de France – donc à une réunion des deux royaumes – et se sépare du Saint Empire. L'Espagne devient alors une puissance européenne secondaire, alliée à la France. La France, le Saint Empire et l'Angleterre consolident leurs acquis territoriaux et ressortent vainqueurs. Mais l'image de cette France de l'absolutisme change car elle ne paraît plus invincible.

> *« J' ai trop aimé la guerre »*
> *Louis XIV sur son lit de mort*

Louis XV, qui débute en 1715 un règne de 59 ans, mène une politique prudente dans les guerres de succession de Pologne et d'Autriche. Il doit affronter la montée de la puissance anglaise qui aboutit au déclenchement de la guerre de Sept Ans entre les deux royaumes au sujet des colonies et de la domination des mers. En 1763, défaite, la France doit renoncer à son empire colonial en Amérique du Nord, à sa Nouvelle-France, ainsi qu'à ses possessions en Afrique, à l'exception de l'ile de Gorée. Elle ne conserve que la Martinique et la Guadeloupe, la moitié de Saint-Domingue et cinq comptoirs de la compagnie des Indes. L'Angleterre devient ainsi la première puissance coloniale.

Louis XVI monte sur le trône en 1774 et profite de la révolte des treize colonies britanniques d'Amérique pour prendre une petite revanche sur l'Angleterre. La monarchie absolue est désormais à bout de souffle et les Lumières brillent déjà dans un royaume en crise.

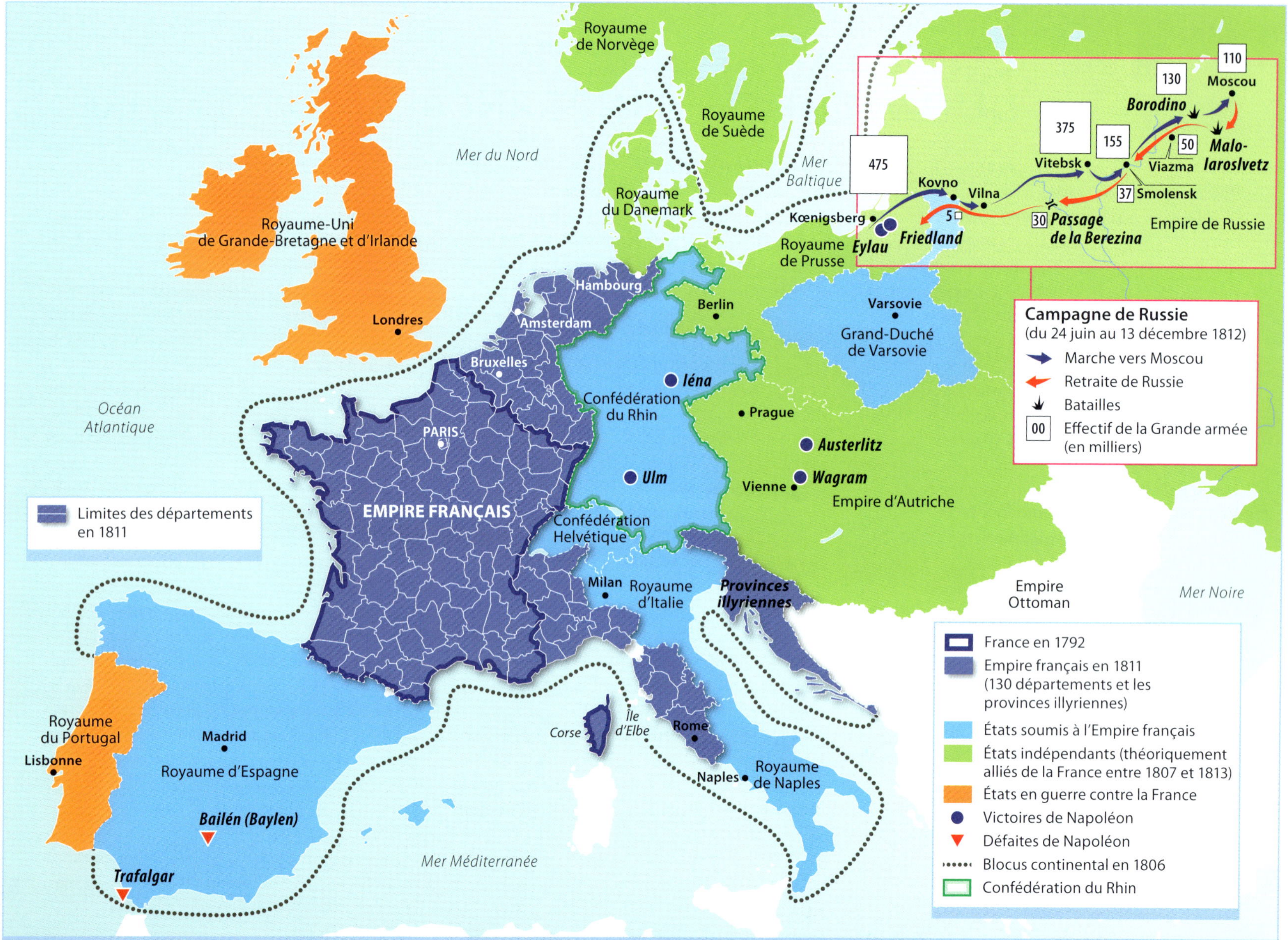

L'empire napoléonien à son apogée et la campagne de Russie

De la Révolution française au Ier Empire

À l'été 1789, le tout début de la Révolution française n'inquiète pas trop les monarchies européennes qui en espèrent même un affaiblissement de la France, tout en craignant une diffusion des idées révolutionnaires au-delà des Alpes et du Rhin. Louis XVI, de son côté, compte sur une intervention des monarchies étrangères pour rétablir son pouvoir, tandis que les révolutionnaires redoutent une invasion. Finalement, la guerre est déclarée le 20 avril 1792. L'armée française, portée par un patriotisme révolutionnaire, l'emporte à Valmy. Dans le même temps, la Révolution poursuit son cours inexorable. Le roi est guillotiné, la Vendée se révolte. La répression est féroce : Robespierre fait régner la « Terreur » de l'été 1793 à sa chute – et son exécution – le 27 juillet 1794 (9 thermidor). Le Directoire lui succède.

Au sein de cette République modérée mais fragile, le général Bonaparte s'illustre par ses campagnes militaires. En 1799, le 9 novembre (18 brumaire), il prend le pouvoir par un coup d'État et crée le Consulat. Par plébiscite, il se fait nommer consul à vie, puis il se couronne empereur des Français, en 1804. Il intègre certains acquis de la Révolution française, modernise l'État et son administration avant de partir à la conquête de l'Europe pour assouvir ses désirs de grandeur.

Cette quête expansionniste se heurte inévitablement à la coalition menée par l'Angleterre qui défait la flotte française à Trafalgar le 21 octobre 1805. Napoléon se tourne alors vers une guerre continentale contre l'Autriche dont il obtient, après la victoire d'Austerlitz, le 2 décembre 1805, d'importantes concessions territoriales en Allemagne et en Italie. Une coalition entre la Russie et la Prusse, formée à l'été 1806, se solde par le démembrement de la Pologne en 1807. Seule l'Angleterre résiste. Afin de l'asphyxier, Napoléon tente alors de contrôler le Portugal et l'Espagne; mais l'armée française se heurte à la guérilla espagnole.

En 1815, un nouvel équilibre européen est mis en place : le Concert européen

Après une nouvelle victoire sur l'Autriche, Napoléon épouse, en avril 1810, la fille de l'archiduc Ferdinand, nièce de Marie-Antoinette. L'empire est à son apogée. Mais l'Angleterre, qui conserve la suprématie maritime, est peu affectée par le blocus continental imposé par Napoléon. Cherchant à le renforcer, par « *hubris* » aussi, Napoléon marche sur Moscou, précipitant la création d'une coalition entre la Russie et l'Angleterre. Accablée par l'immensité du territoire russe, surprise par l'incendie de Moscou, la « Grande armée » doit battre en retraite, harcelée par les partisans russes et le « général hiver ». En avril 1814, Napoléon doit abdiquer. La France retrouve ses frontières de 1792, plus la Savoie.

Envoyé un temps à l'île d'Elbe, Napoléon connaît une ultime défaite à Waterloo, précipitant son exil à Sainte-Hélène et la fin des Cent-Jours. Au congrès de Vienne, en 1815, les quatre puissances mettent en place une forme d'équilibre européen dans lequel la France est traitée en partenaire, mais où les vainqueurs sont aussi récompensés : la Russie et la Prusse obtiennent des gains territoriaux ; l'Angleterre la constitution d'États tampons qui encerclent la France et doivent l'empêcher de redevenir hégémonique.

Des guerres révolutionnaires aux guerres de conquête, la France a su tirer avantage de sa supériorité démographique (26 millions d'habitants) ; elle a pu aussi compter sur une armée nationale se battant – au moins au départ – contre des armées de mercenaires. Mais ces guerres ont coûté un million de morts au pays. Plus que la fin du régime monarchique, c'est l'impérialisme français qui a suscité la création de coalitions hostiles. En 1815, l'Europe se recompose, les idées révolutionnaires se sont disséminées, le sentiment national progresse : le réveil des peuples se prépare.

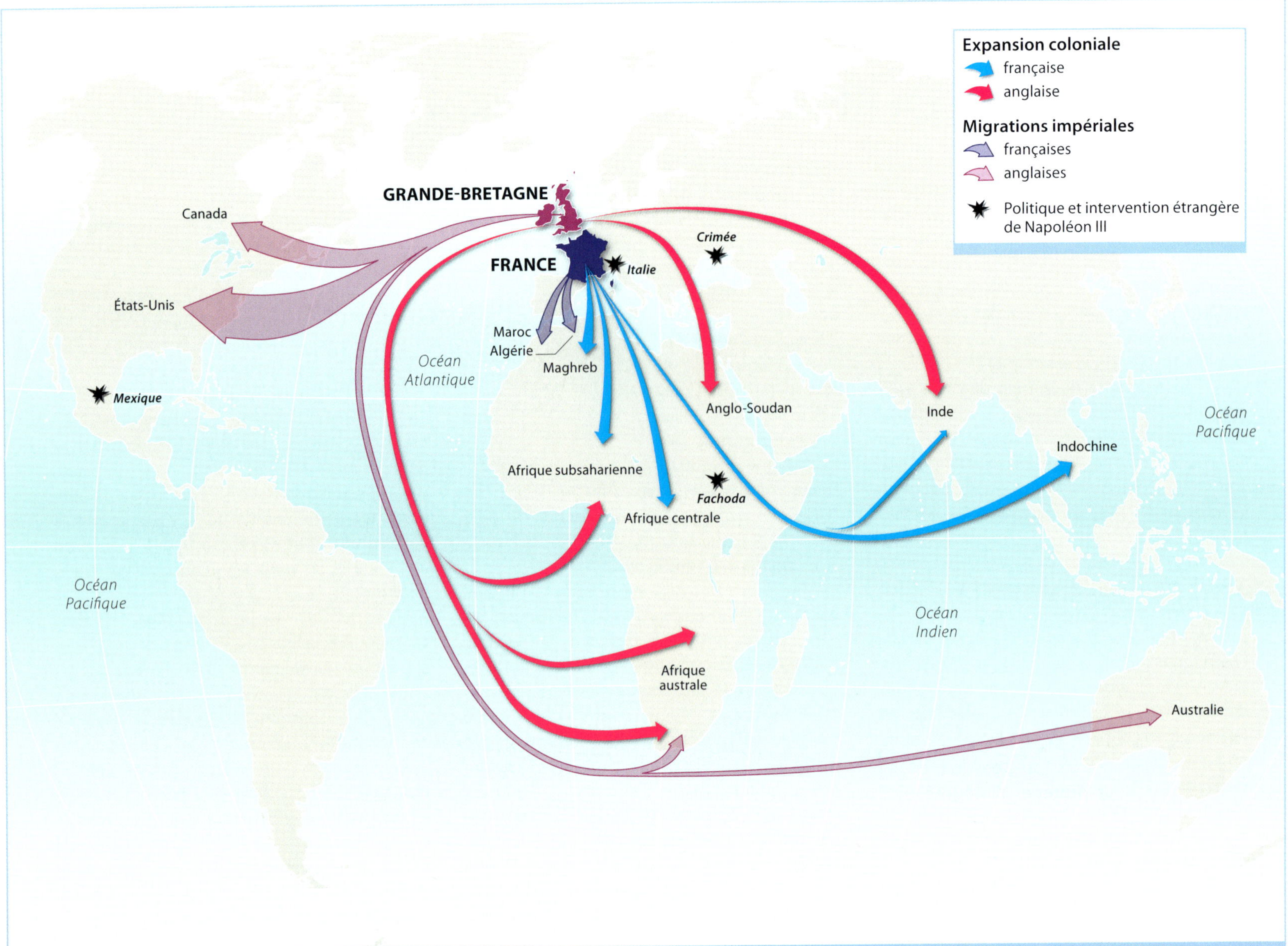

Les rivalités franco-britanniques au XIXe siècle

Rivalités européennes et coloniales au XIXe siècle

En 1815, Louis XVIII est installé sur le trône de France par les souverains étrangers lors du Congrès de Vienne. Il n'est alors plus question d'afficher des ambitions internationales pour la France qui adopte un profil bas. Elle ne conteste pas l'ordre établi et cherche à s'y intégrer en adhérant à la Sainte-Alliance, qui devient quintuple alliance en 1818. 100 000 soldats français participent même à l'expédition d'Espagne en 1823 pour rétablir Ferdinand VII sur son trône.

En 1830, la France s'empare d'Alger et conquiert violemment l'Algérie pour commencer à la coloniser. La France s'implante aussi à Madagascar en 1839, à Tahiti en 1843 et en Nouvelle-Calédonie en 1853.

À partir de 1851, Napoléon III entame une politique étrangère plus ambitieuse. Il établit tout d'abord un accord avec l'Angleterre qui s'inquiète de la montée en puissance de la Russie. En effet, au nom de la protection des slaves orthodoxes et profitant du déclin de l'Empire ottoman, la Russie regarde vers les Balkans et cherche un accès à la Méditerranée à travers le contrôle des détroits du Bosphore et des Dardanelles. Pour protéger l'intégrité territoriale de la Russie, les deux pays, soutenus par l'Empire ottoman et le royaume de Sardaigne, se lancent dans la guerre de Crimée, en 1854. La Sainte-Alliance est brisée. Français et Anglais trouvent aussi un accord sur la construction du canal de Suez et s'emparent de Pékin en 1860. Ils imposent aux ports chinois l'ouverture au commerce avec l'Occident et la France en profite pour s'emparer de la Cochinchine.

La politique désordonnée de Napoléon III s'écroule face à la Prusse

Napoléon se lance également dans une aventure au Mexique pour y installer un monarque catholique, Maximilien de Habsbourg et élargir l'horizon économique de la France. L'opération se solde par un fiasco et l'exécution de Maximilien en 1867.

Napoléon III soutient l'unification de l'Italie en échange de la Savoie et du comté de Nice, rattachés à la France en 1860. Mais pour obtenir le soutien des catholiques français, il défend les États pontificaux, qui seront néanmoins rattachés au royaume d'Italie, à l'exception de Rome et du Latium.

En contrecoup des événements italiens, un mouvement d'unification se développe en Allemagne, sous l'égide de Bismarck, Premier ministre de la Prusse depuis 1862. Aux dépends de l'Autriche se met en place une confédération de l'Allemagne du Nord dominée par la Prusse et associée militairement aux États allemands du Sud. Napoléon III prend conscience du danger de la montée en puissance de la Prusse ; il réclame des compensations territoriales au Luxembourg et en Belgique que Bismarck refuse.

En 1870, la France est isolée. En froid avec l'Italie et la Grande-Bretagne, sans soutien de la Russie qui a passé un accord secret avec Bismarck, elle est envahie par la Prusse. Avec ses 300 000 hommes, la France ne peut résister aux 525 000 soldats prussiens qui arrivent aux portes de Paris en septembre. C'est la défaite et la fin de l'Empire, Napoléon III est fait prisonnier par les Prussiens. Pour la première fois, la France est vaincue non par une coalition militaire mais par un seul pays.

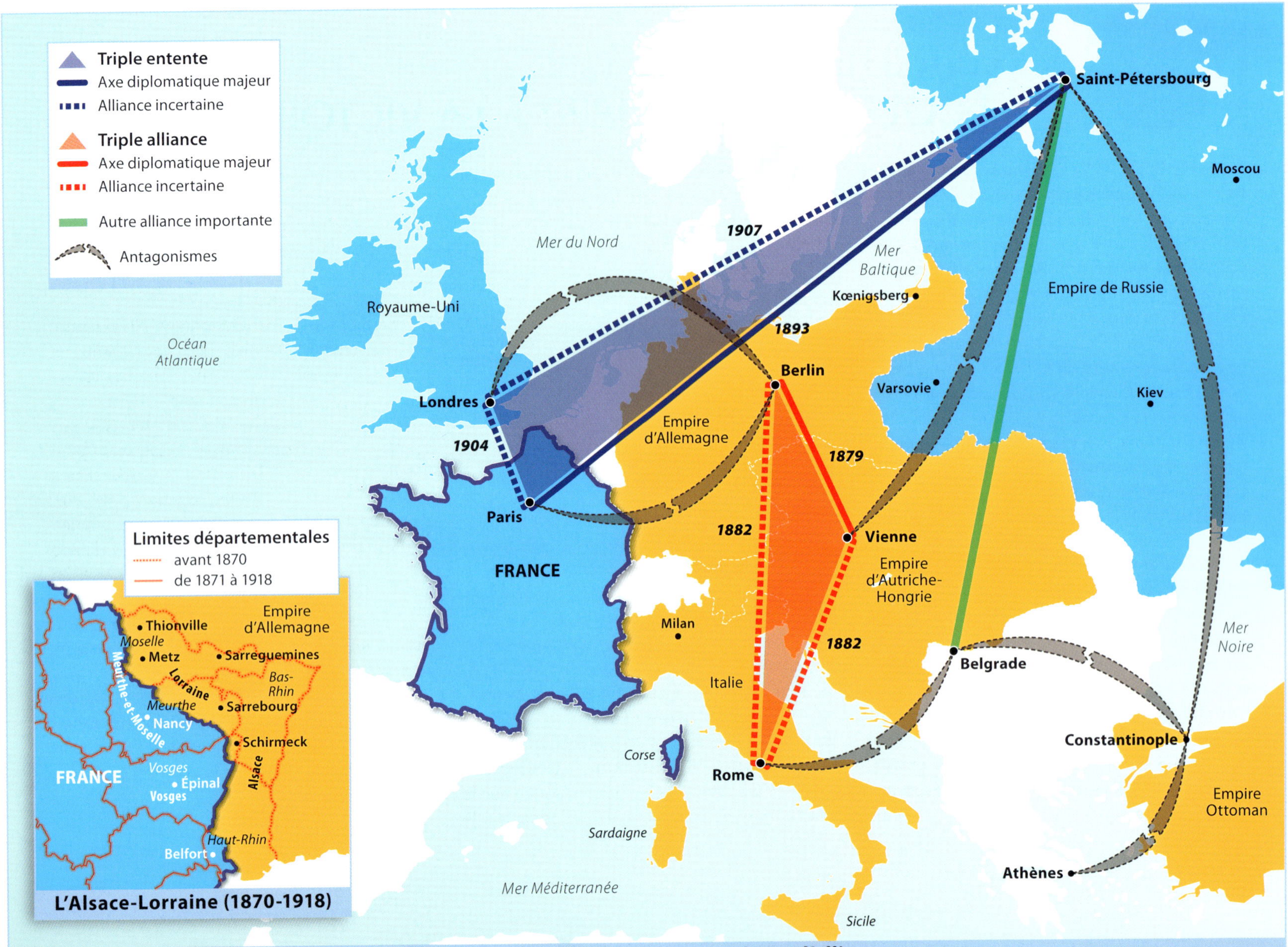

1914 : l'Europe divisée en deux systèmes d'alliance

De la défaite de 1870 à la victoire de 1918

Après la capitulation de Paris, le 28 janvier 1871, Bismarck accorde un armistice pour permettre à la France d'organiser l'élection d'une assemblée pouvant accepter la paix.

Les républicains qui veulent continuer de résister incarnent la poursuite de la guerre, alors que les monarchistes qui acceptent la capitulation représentent le camp de la paix. Ils vont obtenir de ce fait une majorité très confortable. Le 10 mai 1871, le traité de Francfort est signé : la France cède l'Alsace moins le territoire de Belfort, une partie de la Lorraine et doit payer une indemnité de 5 milliards de francs.

L'humiliation crée un sentiment revanchard dans l'opinion française et la classe politique. Le service militaire obligatoire est institué en 1872, une école de guerre est créée en 1875 afin de préparer le prochain conflit. La nouvelle montée en puissance de la France inquiète Bismarck, tout en rassurant la Russie et la Grande-Bretagne qui souhaitent éviter une domination allemande sur l'Europe.

À cette époque, la rivalité franco-allemande se joue aussi sur le terrain colonial. Cette aventure donne en effet un nouvel élan à la France auquel Bismarck ne s'oppose guère, espérant que la France se détourne des affaires continentales. En France, on retrouve aussi ce débat au sein de la classe politique : l'aventure coloniale va-t-elle renforcer la France ou disperser ses efforts par rapport à la priorité allemande ? Les conquêtes se poursuivent néanmoins : la France établit un protectorat sur la Tunisie en 1883 et sur le Tonkin en 1885.

Les alliances se réorganisent aussi : afin d'éviter un accord entre l'Allemagne et la Russie, la France investit massivement dans les emprunts russes à partir de 1888. Un sentiment russophile s'établit culturellement et politiquement, car la Russie est vue comme un contrepoids à l'Allemagne. En 1892, en réaction au renouvellement de la triple alliance entre l'Allemagne, l'Autriche-Hongrie et l'Italie, la France et la Russie signent un accord d'assistance mutuelle.

La revanche obsède la France qui conclut des alliances contre l'Allemagne

Paris se rapproche aussi de Londres, malgré de fortes rivalités coloniales en Afrique notamment (Fachoda, 1898). En 1904 la France reconnaît le protectorat britannique sur l'Égypte, la Grande-Bretagne celui de la France sur le Maroc. Elles se partagent leur influence sur le Siam (Thaïlande contre Indochine) et établissent un condominium aux Nouvelles-Hébrides. Ce rapprochement historique est lié à la peur de la montée en puissance de l'Allemagne, qui s'inquiète à son tour de cette alliance jugée tournée contre elle.

Les tensions montent, le jeu des alliances prépare le premier conflit mondial. Si, dans un premier temps, les crises balkaniques opposent avant tout la Russie et l'Autriche-Hongrie, leurs alliés respectifs renforcent leurs préparatifs militaires. Après l'assassinat de l'archiduc François Ferdinand à Sarajevo, l'Autriche, qui compte sur le soutien de l'Allemagne, s'en prend à la Serbie – que la Russie entend protéger. Ces engrenages suscitent le déclenchement de la Première Guerre mondiale. Prévue pour être finie rapidement, elle s'enlise dans une guerre des tranchées inhumaine et coûteuse.

En 1918-1919, l'Europe, exsangue, se recompose. La France récupère l'Alsace et la Lorraine, l'Allemagne perd ses colonies, les empires austro-hongrois et ottoman sont démantelés.

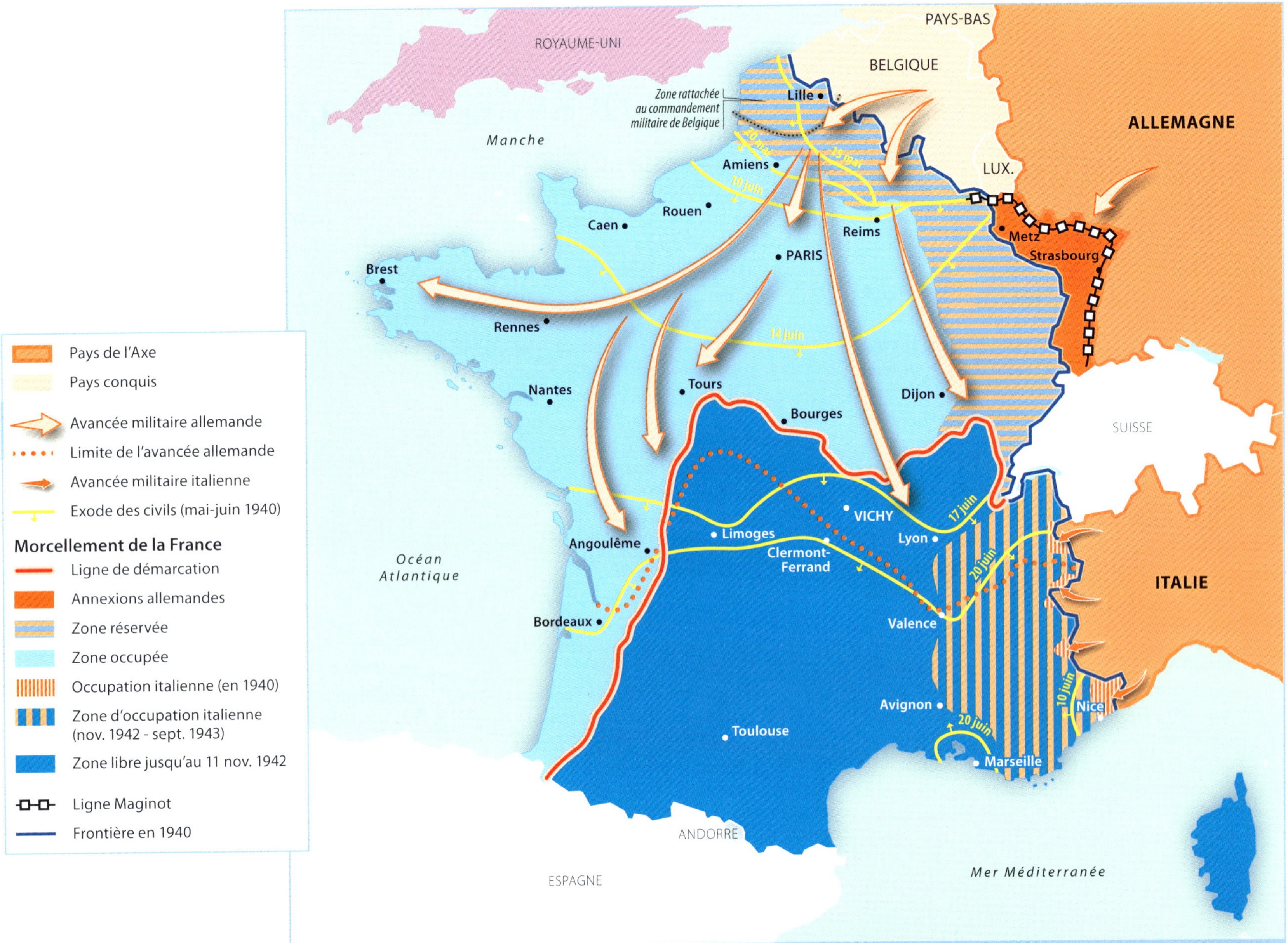

La France sous l'occupation : un espace divisé

1939-1945 : DE LA DÉBÂCLE À LA LIBÉRATION

Le 3 septembre 1939, en réaction à l'attaque d'Hitler contre la Pologne et après des années d'atermoiement des diplomaties, la France et la Grande-Bretagne déclarent la guerre à l'Allemagne. Le souvenir du carnage démographique de la « Grande Guerre », vingt ans auparavant, est dans toutes les mémoires. Le 10 mai 1940, Hitler attaque la Belgique, contourne la ligne Maginot et passe par les Ardennes. L'armée française se bat sans pouvoir éviter la défaite. Quittant Paris pour Bordeaux, le gouvernement et le commandement français se désagrègent, des millions de civils fuient sur les routes : c'est l'exode.

Le 16 juin, le président Lebrun désigne le maréchal Philippe Pétain, âgé de 84 ans – « le vainqueur de Verdun » – en tant que chef du gouvernement. Le 22 juin, ce dernier signe un armistice avec l'Allemagne qui prévoit une zone « libre » au Sud et une zone occupée au Nord. Le 10 juillet, sous l'impulsion de Laval, le Parlement (celui du Front populaire) lui donne les pleins pouvoirs par 569 voix contre 80. Il crée à Vichy « l'État français », et promeut la « Révolution nationale » fondée sur l'élimination systématique des principes républicains. Des mesures antisémites (statut des juifs) sont prises dès le 3 octobre 1940. Pétain rencontre Hitler à Montoire le 24 octobre 1940. La collaboration s'intensifie en zone occupée. La rafle du Vel d'Hiv a lieu dans la nuit du 16 au 17 juillet 1942.

Même en zone « libre », la France doit fournir matières premières, transports, financements, produits alimentaires, travailleurs. À son tour, cette zone est occupée suite au débarquement allié en Afrique du Nord en novembre 1942.

Depuis Londres et l'appel du 18 juin 1940 du général de Gaulle, les « Français libres » s'organisent. En France occupée, des mouvements de résistance, très minoritaires au début, sont créés autour d'Henry Frenay, d'Astier de la Vigerie et de Jean-Pierre Lévy par exemple. Jean Moulin les convainc, avec difficulté, de se rassembler derrière de Gaulle.

La période la plus tragique de l' histoire de France depuis la guerre de Cent Ans

De Gaulle rejoint Alger en 1942 et finit par s'imposer contre Giraud en mai 1943, ainsi qu'aux yeux des États-Unis, qui ont un ambassadeur à Vichy et ont fait, un temps, le choix de Darlan.

Sur le plan de la guerre, la Grande-Bretagne a résisté à Hitler en 1940. Hitler a attaqué l'URSS en juin 1941. Le Japon a attaqué Pearl Harbor le 7 décembre 1941, déclenchant l'entrée en guerre des États-Unis, préparée par Roosevelt. En 1942, les forces de l'Axe paraissent triompher mais l'armée allemande perd devant Stalingrad en février 1943. Hitler est dès lors sur la défensive.

Le débarquement américain et allié (la plus grande armada de l'Histoire) a lieu en Normandie le 6 juin 1944. La bataille de France peut commencer. Paris, où l'insurrection est déclenchée le 16 août, est libérée le 25 ; l'Est de la France en novembre (insurrection des maquis : Vercors, Glières). Dans la France libérée, le gouvernement provisoire français du général de Gaulle s'impose aux Américains. Hitler se suicide le 30 avril 1945 et l'Allemagne capitule à Reims le 7 mai et à Berlin le 8.

Cette guerre a fait plus de 550 000 morts français dont 350 000 civils (au total dans le monde, de 35 à 70 millions selon les estimations). Il y a eu 140 000 déportés dont 70 000 juifs sur les 350 000 que comptait alors la France. Seuls 2 500 d'entre eux revinrent. 5,8 millions de juifs ont été exterminés en Europe (la Shoah).

En août 1945, le maréchal Pétain est condamné à mort ; mais sa peine est commuée en détention à perpétuité.

Une minorité de Français a résisté, une minorité a collaboré. La grande majorité, pétainiste au début, de moins en moins avec le temps, a attendu la fin de la guerre, s'inquiétant pour ses 1,8 million de prisonniers ou pour ses envoyés au STO et employant ses forces à régler les problèmes quotidiens (chauffage, alimentation).

Les événements de ces années 1940-1945, les plus tragiques que la France ait connus depuis la guerre de Cent Ans, continuent d'alimenter des controverses passionnées.

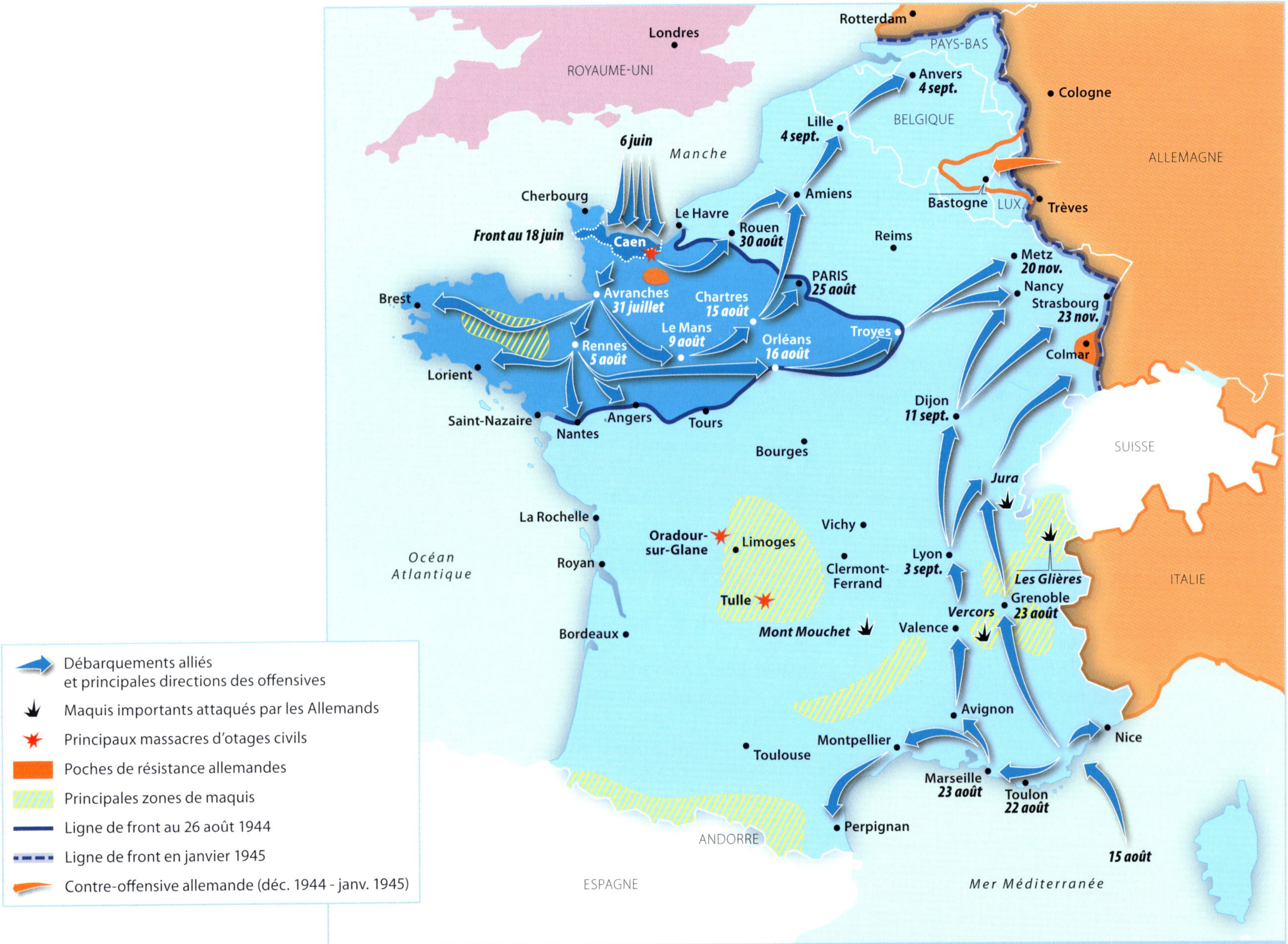

La libération du territoire métropolitain

La France de 1945 et de la IVe République

Après le débarquement allié en Normandie du 6 mai 1944 et la libération de la France, le général de Gaulle s'impose aux Américains, réticents. Il est à Paris en août 1944 et prend la tête du gouvernement provisoire. La Seconde Guerre mondiale a fait en France plus de 550 000 morts, dont 316 000 soldats. L'économie est très affaiblie, tout est à reconstruire. Les Français ont été abasourdis par l'effondrement de leur armée en mai 1940 et l'Occupation les a déchirés et divisés entre collaborateurs et résistants, très minoritaires dans les deux cas et attentistes. L'épuration est organisée judiciairement à partir de 1944 (80 000 condamnations à mort, dont 791 exécutions).

À partir de septembre 1944, le général de Gaulle dirige un gouvernement provisoire d'union nationale. Ce gouvernement commence à restaurer l'État et à rebâtir le pays et son économie sur la base du programme du Conseil national de la Résistance, à partir d'un secteur public fort (nationalisations). Hostile au retour au « régime des partis », le général de Gaulle quitte le pouvoir le 20 janvier 1946.

Artisan de la collaboration, Pierre Laval a été condamné à mort le 9 octobre et exécuté le 15. Le maréchal Pétain, dont la peine est commuée en détention à perpétuité, meurt à l'île d'Yeu en 1951.

Instabilité politique,
crises coloniales,
modernisation économique

En 1944, aux conférences de Yalta et de Potsdam, avec les Américains et les Soviétiques, Churchill obtient que la France ait, à l'égal des vainqueurs, un siège de membre permanent au Conseil de sécurité de l'ONU, ainsi qu'une zone d'occupation en Allemagne. Le 13 octobre 1946, les électeurs français adoptent une nouvelle constitution, qui fonde la IVe République.

À partir de 1946, les principaux partis qui gouvernent la IVe République (le « tripartisme » des socialistes SFIO, du MRP, et des radicaux) contre les oppositions gaulliste et communiste entreprennent, avec l'aide du plan Marshall (1947) et de la planification, la reconstruction de la France. C'est le début d'une période économique dite des « Trente Glorieuses ». La IVe République jette aussi les bases de la construction européenne (CECA, 1950). Elle sombre en 1958 du fait de son instabilité institutionnelle permanente, et de son incapacité à régler les crises coloniales (mis à part Pierre Mendès France en 1954 pour celle de l'Indochine et de la Tunisie).

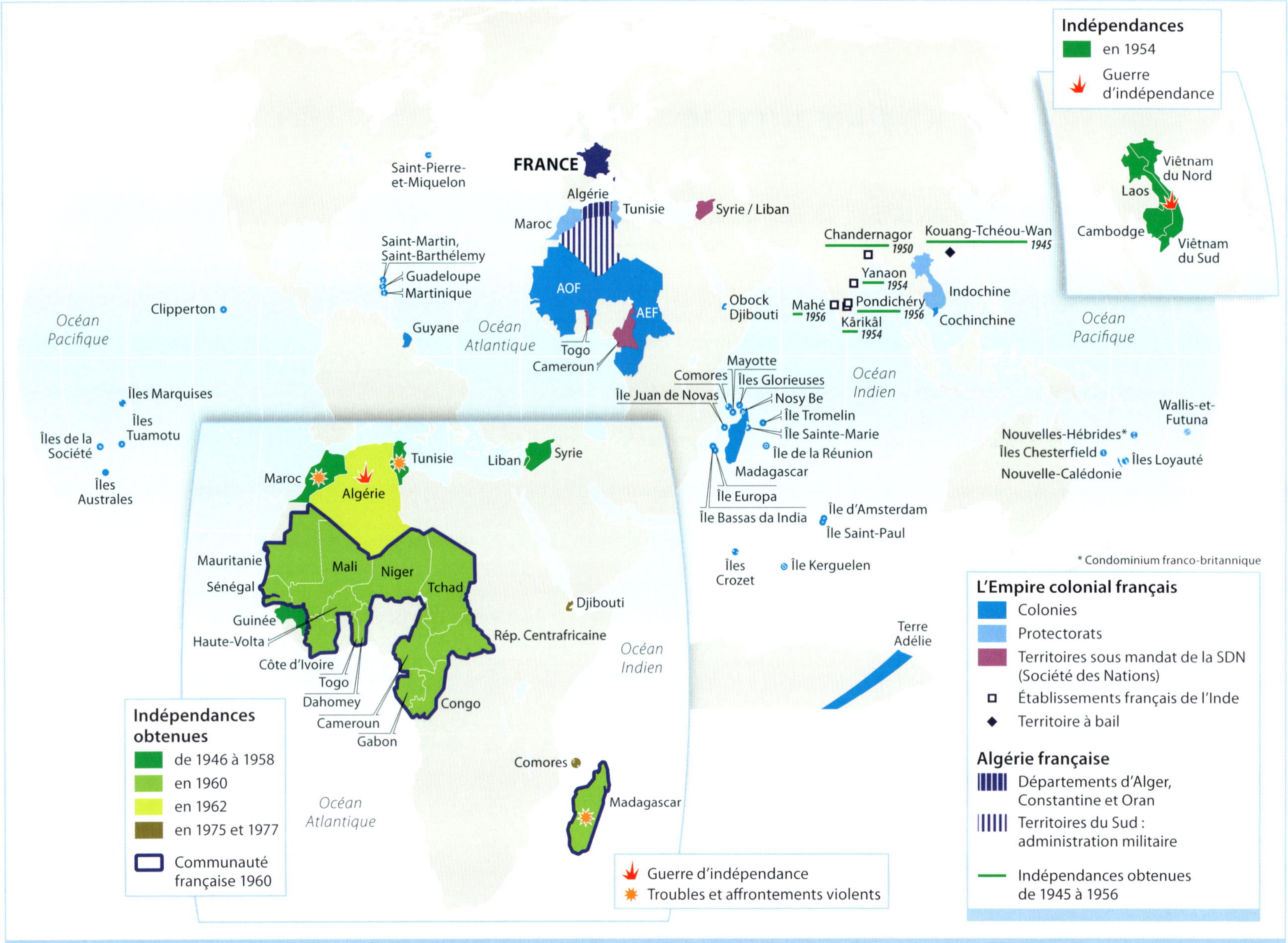

La décolonisation de l'empire français

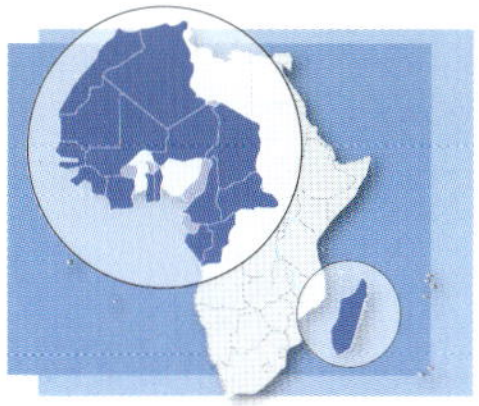

La décolonisation

À l'issue de la Seconde Guerre mondiale, le colonialisme est contesté à l'échelle mondiale. La lutte contre le nazisme s'est faite au nom de la liberté, et donc du droit des peuples à disposer d'eux-mêmes. Dans l'esprit des vainqueurs, cela signifiait le refus de l'asservissement des peuples européens. Les peuples colonisés se réapproprient ce principe et l'opposent aux métropoles européennes : Londres, La Haye, Paris, en attendant Madrid et Lisbonne.

En février 1944, à la conférence de Brazzaville, le général de Gaulle écarte toute perspective d'évolution vers l'autonomie. Encore traumatisée par la déroute de 1940, la France espère pouvoir garder ses colonies qu'elle voit comme un élément de puissance et un rempart contre un nouvel affaiblissement. Le 25 mai 1945, à l'Assemblée consultative, Gaston Monnerville, député guyanais qui deviendra président du Sénat, déclare : « Sans empire la France ne serait qu'un pays libéré, grâce à son empire, la France est un pays vainqueur ».

En Indochine, l'éloignement vis-à-vis de Vichy ou de la France libre a déjà affaibli l'emprise coloniale et le Japon y a étendu son influence au nom de la fin de la domination des Blancs sur les peuples asiatiques. Les nationalistes sont partagés entre traditionalistes et marxistes. Hô Chi Minh, qui a créé la Ligue pour l'indépendance du Vietnam (ou Vietminh) en 1941, déclenche en 1945 une insurrection contre les Japonais. La France s'oppose farouchement à l'indépendance : la première tentative d'accord ne peut se solder que par un échec. Les premiers corps expéditionnaires ont été envoyés en Extrême-Orient pour y réaffirmer la souveraineté française. L'armée française contrôle les villes, et le Vietminh les campagnes à partir desquelles il lance des opérations de guérilla. La victoire des communistes en Chine en 1949 apporte au Vietminh une profondeur stratégique et une aide extérieure. Le 7 mai 1954, la défaite de Diên Biên Phu sonne le glas de la présence française. Elle est perçue comme une nouvelle humiliation, un abaissement du rang de la France. Pierre Mendès France met fin à la guerre d'Indochine par les accords de Genève le 21 juillet 1954. La même année, une insurrection éclate en Algérie, ou le poids des colons a toujours empêché que l'on tienne compte des aspirations « indigènes ». Une guerre qui ne dit pas son nom est déclenchée.

La fin des guerres coloniales donne à la France une nouvelle liberté d' action diplomatique

Avec l'Afrique, une « Union française » est créée, ce qui permet à ses citoyens d'élire des représentants au Parlement. La loi-cadre Deferre de 1956 accorde une plus grande autonomie aux pouvoirs exécutifs locaux.

En 1958, après son retour au pouvoir, le général de Gaulle propose aux colonies françaises, par voie de référendum, l'indépendance dans le cadre de la « communauté française » qui vient d'être créée. Seule la Guinée refuse. Tous les autres pays africains accèdent à l'indépendance en 1960, tout en gardant une relation étroite, économique et de sécurité, avec la France. En Afrique du Nord, la décolonisation est négociée dans de bonnes conditions en 1955-1956, en Tunisie et au Maroc. La guerre d'Algérie, qui dure huit ans, ternit l'image de la France dans le Tiers-Monde et précipite en mai 1958 la fin de la IVe République. Revenu au pouvoir en 1958, le général de Gaulle signe, en 1962, les accords d'Évian qui reconnaissent l'indépendance de l'Algérie. La population d'origine métropolitaine (« un million de rapatriés ») est contrainte de quitter l'Algérie, ainsi qu'un certain nombre de « harkis », dans des conditions très éprouvantes. La fin de cette guerre coloniale permet à la France de retrouver une liberté d'action diplomatique et un rayonnement international que le général de Gaulle met à profit dans les années 1962-1968.

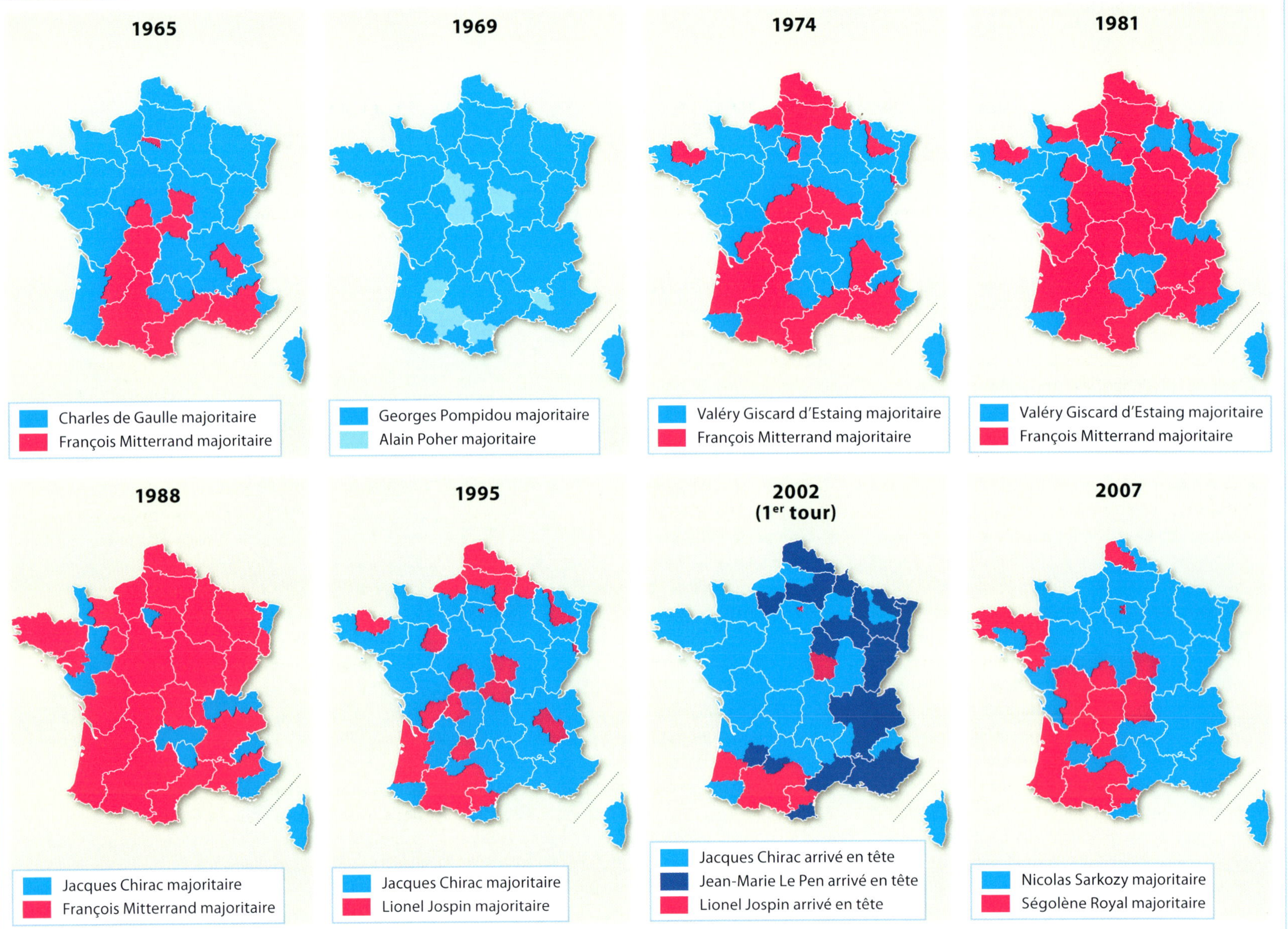

Score des candidats au second tour des élections présidentielles

La France de la Ve République

En mai 1958, minée par la guerre d'Algérie, la IVe République s'effondre.

Sous la pression des évènements à Alger, le général de Gaulle revient aux affaires : il devient président du Conseil puis président de la nouvelle République. Il fait adopter la Constitution mi-présidentialiste, mi-parlementaire de la Ve République, qu'il modifie en 1962 en y introduisant l'élection du Président au suffrage universel. Après l'indépendance de l'Algérie, le général de Gaulle tourne la page coloniale de l'histoire de France et développe jusqu'à la fin de son mandat une politique d'indépendance nationale. Il est l'ami et l'allié des États-Unis (crise de Cuba, 1962) mais n'est pas « aligné » sur eux. Il s'en différencie sur le Vietnam, l'Est-Ouest, le Proche-Orient. Il développe une stratégie nucléaire autonome de dissuasion, et quitte le commandement intégré de l'OTAN en 1966. Il préconise une Europe politique des Nations et bloque les avancées vers une Europe fédérale. Affaibli par mai 1968, il quitte le pouvoir sur un échec au référendum de mars 1969. Il meurt en novembre 1970.

Georges Pompidou, deuxième président de la Ve, poursuit la ligne diplomatique gaulliste en l'assouplissant (il accepte l'entrée de la Grande-Bretagne dans le Marché commun). Il poursuit la modernisation de la France, notamment de son industrie. À sa mort en 1974, c'est Valéry Giscard d'Estaing, le ministre des Finances, qui est élu. Il infléchit la ligne de la diplomatie française dans un sens plus coopératif avec les États-Unis. Il est à l'origine, avec le chancelier Helmut Schmidt, de l'élection du Parlement européen au suffrage universel, de la création du « Conseil européen des chefs d'État et de gouvernement » et du Sommet des grands pays industrialisés (G7).

Moteur de la construction européenne, alliée fidèle mais critique des États-Unis, la France trace une voie originale

François Mitterrand est, en 1981, le premier homme politique de gauche élu président au suffrage universel, le seul président à accomplir deux septennats (dont quatre ans de cohabitation). Il gouverne avec l'Union de la gauche jusqu'en 1984. Il reprend les fondamentaux diplomatiques de la Ve République en les adaptant : il affine et épure la dissuasion ; il respecte l'alliance américaine mais poursuit une démarche diplomatique libre ; il ne rentre pas dans l'OTAN. Il renforce la politique Nord/Sud. Il relance la construction européenne à partir de 1984 avec Helmut Kohl et jusqu'en 1992 (Maastricht, monnaie unique). À partir de 1991, il fait évoluer la politique française en Afrique, et y encourage la démocratisation.

Face au plus grand bouleversement depuis 1945, la fin de l'URSS, sa ligne est une Europe plus forte. On parle de « gaullo-mitterrandisme ».

Jacques Chirac est président de 1995 à 2007 (dont cinq ans de cohabitation avec Lionel Jospin). Il refuse de participer à la guerre de G. W. Bush en Irak en 2003 et échoue en 2005 à faire ratifier par référendum le Traité constitutionnel européen.

Nicolas Sarkozy est élu en 2007 sur une ligne de rupture avec ses prédécesseurs. Plus pro-américain (Bush), il fait rentrer la France dans l'OTAN et fait ratifier le traité de Lisbonne par le Parlement. Il suscite la création du G20. À partir de 2010, il tente de revenir à la ligne de la Ve République.

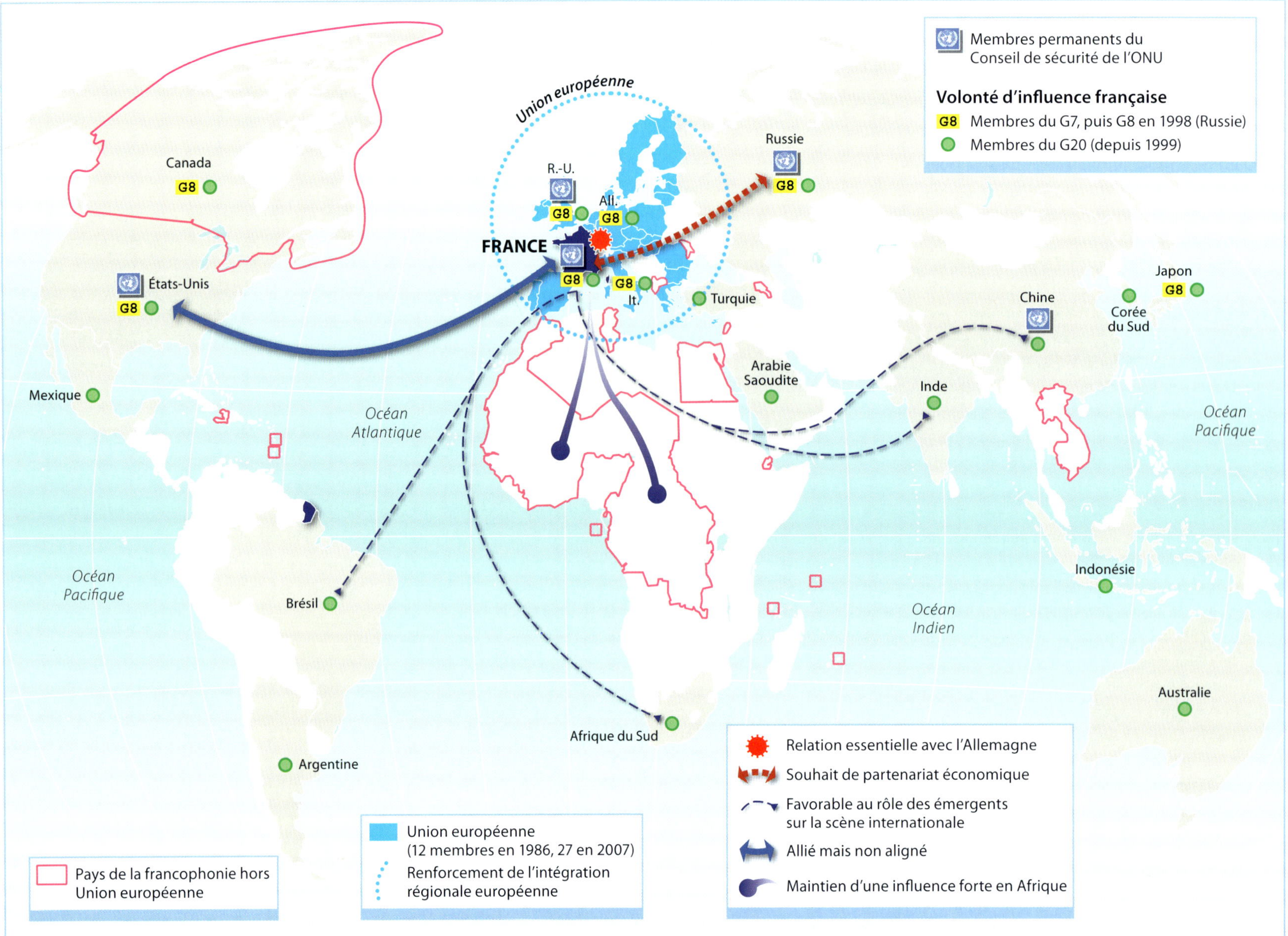

La France depuis 1992

La France depuis 1992

Depuis 1991, fin de l'URSS et du monde bipolaire de la guerre froide, la France a dû, sous la présidence de François Mitterrand (jusqu'en 1995), de Jacques Chirac (de 1995 à 2007) et de Nicolas Sarkozy (à partir de 2007), redéfinir sa place dans le monde global. Ce monde que les Occidentaux ont cru, au début, devoir être marqué par le triomphe de leur influence (d'où la « théorie de la fin de l'histoire »), et les idéalistes par celui de la communauté internationale et de l'ONU, se caractérise plutôt par la montée des émergents, la baisse relative du pouvoir des Occidentaux, la compétition de chacun avec tous.

François Mitterrand et Jacques Chirac ont essayé de maintenir une ligne française relativement indépendante (refus du retour dans l'OTAN par François Mitterrand ; refus de la guerre en Irak par Jacques Chirac) tout en prenant leurs responsabilités (François Mitterrand, guerre du Koweït ; Jacques Chirac, Balkans et Afghanistan). Jacques Chirac a été confronté au manichéisme de George W. Bush. Nicolas Sarkozy a annoncé au début de son mandat vouloir « rompre » avec l'héritage de la Ve République (rapprochement avec George Bush, retour dans l'OTAN) avant d'y revenir en partie dans sa dernière année de mandat (retour d'Alain Juppé).

Sur le plan européen, les Français adoptent (de peu) en 1992, par référendum, le traité de Maastricht, puis par voie parlementaire ceux d'Amsterdam (1997) et Nice (2001) avant de rejeter, en 2005, par référendum, le « Traité constitutionnel », dont le Parlement adopte, en 2007, sous le nom de « traité de Lisbonne », les dispositions principales (changement de la pondération des votes au Conseil européen ; président permanent du Conseil européen). Dans cette période, la France cherche toujours à améliorer le fonctionnement des institutions européennes puisqu'elle voit dans « l'Europe » un levier d'influence, tout en gardant ses possibilités d'action, notamment par sa relation avec l'Allemagne, même si celle-ci n'est plus la même depuis la réunification. Le débat n'est pas clos (vives controverses en 2011 sur qui doit décider dans la zone euro et sur quelles politiques économiques – de rigueur ou mixtes – on doit y mener).

Les Français sont désormais très partagés sur la mondialisation et sur l' Europe

La crise de 2007-2008 a frappé la France et son système financier, puis son économie, comme tous les pays développés, très interdépendants. Comme François Mitterrand et Jacques Chirac le faisaient auparavant au G8, Nicolas Sarkozy essaie d'obtenir au sein du G20, dont il obtient la création en 2008, de meilleures règles pour réencadrer le capitalisme et le système financier. La « régulation » et le traitement des problèmes dits « globaux » sont désormais au cœur des débats. Les Français restent très partagés sur la mondialisation comme sur l'Europe. Ils sont de plus en plus nombreux à juger que la mondialisation n'est pas « gagnante-gagnante » (*win-win*) et à demander qu'elle soit réencadrée dans des règles plus strictes et plus protectrices. Cette question devient centrale à l'approche des présidentielles de 2012.

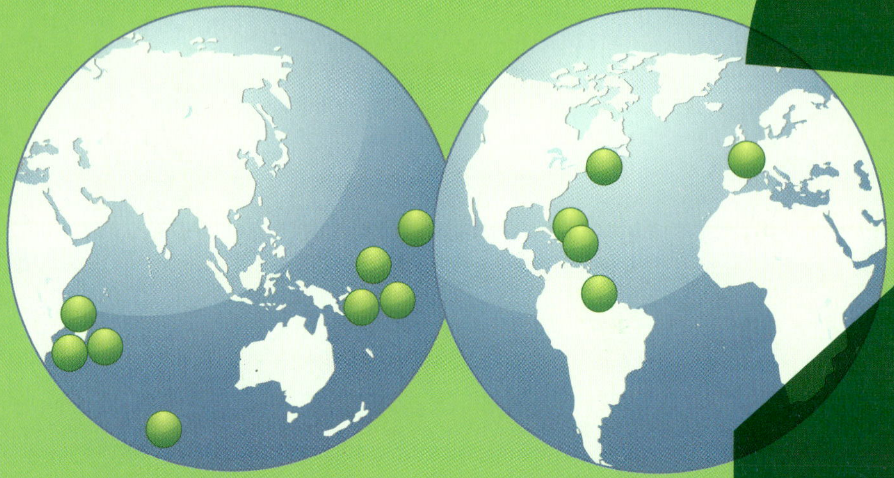

2

Portrait de la France d'aujourd'hui

Cette seconde partie fournit les grands repères géographiques, sociaux, économiques ou géopolitiques qui caractérisent la France du XXIe siècle. Certes, son rayonnement a perdu de son éclat, mais la France, puissance économique, membre du G8, du G20 et moteur de la construction européenne conserve une réelle capacité d'influence dans un monde globalisé.

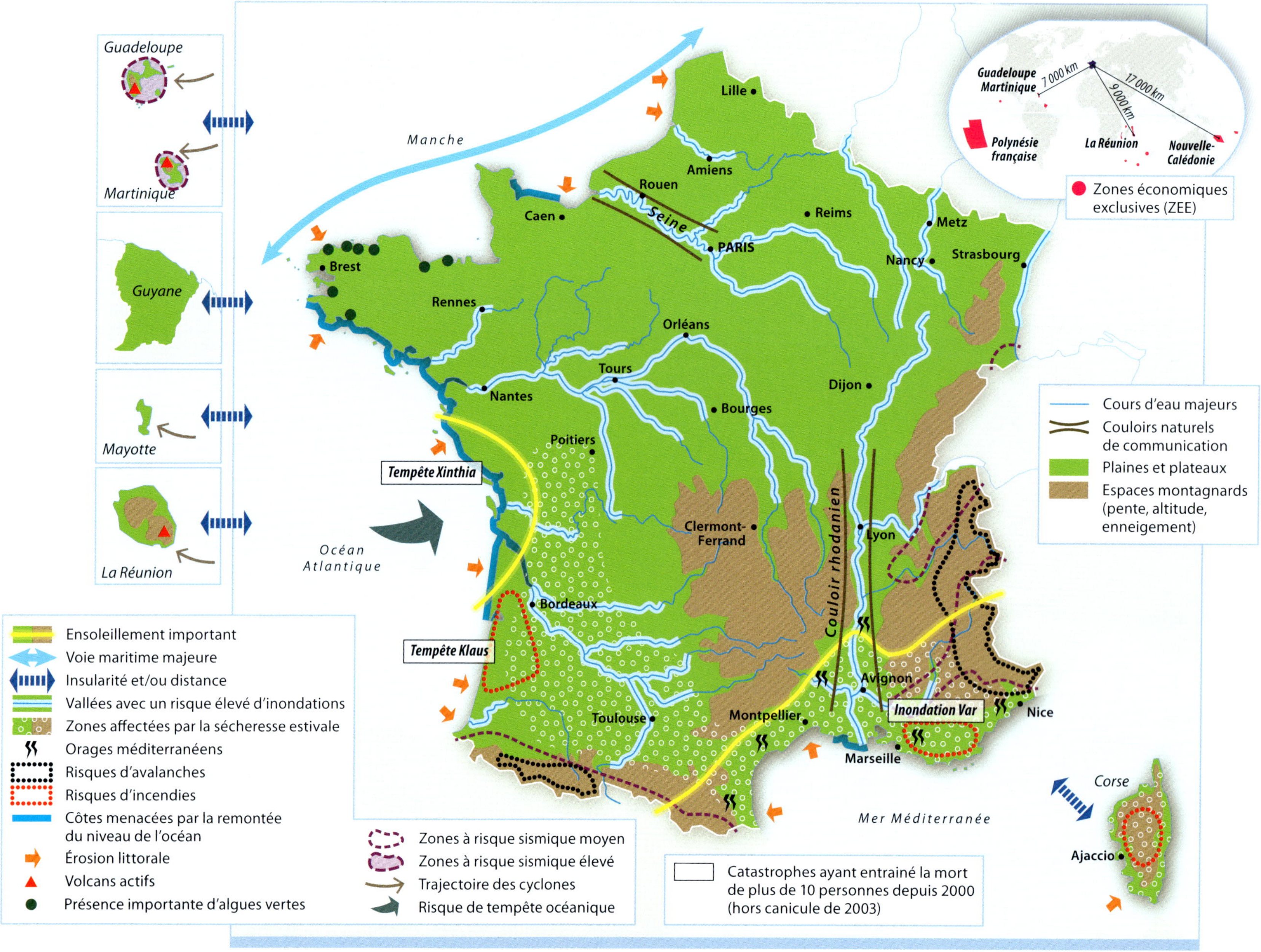

Guadeloupe
Martinique
Guyane
Mayotte
La Réunion
Manche
Océan Atlantique
Mer Méditerranée
Corse
Lille
Amiens
Rouen
Seine
Caen
Reims
PARIS
Metz
Nancy
Strasbourg
Brest
Rennes
Orléans
Tours
Nantes
Dijon
Bourges
Poitiers
Tempête Xinthia
Clermont-Ferrand
Lyon
Couloir rhodanien
Bordeaux
Tempête Klaus
Avignon
Toulouse
Montpellier
Inondation Var
Nice
Marseille
Ajaccio
Guadeloupe Martinique
7 000 km
17 000 km
9 000 km
Polynésie française
La Réunion
Nouvelle-Calédonie
Zones économiques exclusives (ZEE)
Cours d'eau majeurs
Couloirs naturels de communication
Plaines et plateaux
Espaces montagnards (pente, altitude, enneigement)
Ensoleillement important
Voie maritime majeure
Insularité et/ou distance
Vallées avec un risque élevé d'inondations
Zones affectées par la sécheresse estivale
Orages méditerranéens
Risques d'avalanches
Risques d'incendies
Côtes menacées par la remontée du niveau de l'océan
Érosion littorale
Volcans actifs
Présence importante d'algues vertes
Zones à risque sismique moyen
Zones à risque sismique élevé
Trajectoire des cyclones
Risque de tempête océanique
Catastrophes ayant entraîné la mort de plus de 10 personnes depuis 2000 (hors canicule de 2003)

Caractéristiques géographiques de la France

Avec 551 695 kilomètres carrés, la France métropolitaine est le 47e pays au monde en termes de superficie. Sa densité est de 115 habitants au kilomètre carré, un des plus faibles d'Europe. Elle est surtout forte dans les grandes vallées et les villes. Le climat y est tempéré, variant entre l'ouest océanique et l'est plus continental. Son territoire est contrasté, entre de vastes plaines (les deux tiers de la superficie) et trois grands ensembles montagneux (les Alpes, les Pyrénées, le Massif central). Les contraintes naturelles aujourd'hui n'en sont plus : les massifs montagneux sont traversés par de nombreux tunnels comme celui du Mont-Blanc.

Souvent représentée par un hexagone, la France est frontalière avec six autres pays. Elle est placée à un carrefour géographique, climatique et agricole entre l'Europe du Sud et l'Europe du Nord – même si l'élargissement de l'Union européenne à l'Est fait qu'elle n'est plus centrale. Elle bénéficie d'une triple ouverture maritime, sur la Méditerranée, l'océan Atlantique et la Manche. Ces façades favorisent ses relations économiques et commerciales avec les autres continents et le rôle de ses ports.

Héritage de l'histoire coloniale, la France possède des départements et territoires d'outre-mer (DOM-TOM, aussi appelés DROM depuis 2003) dans les Caraïbes, l'Amérique du Sud, l'Atlantique nord-américain, l'océan Indien et le Pacifique. Autour de ces territoires et collectivités, répartis sur tous les continents, elle dispose d'une « zone économique exclusive » (ZEE) de 11 millions de kilomètres carrés, soit la 2e au monde après celle des États-Unis, trente fois plus qu'à partir de la seule France métropolitaine. Elle représente 8 % de la zone économique mondiale, alors que la France ne représente que 0,45 % de la superficie des terres émergées du globe.

Pourtant, la balance commerciale française pour ce qui concerne la pêche et l'aquaculture demeure déficitaire.

Les départements d'outre-mer, la Martinique, la Guadeloupe, la Guyane, la Réunion, Mayotte sont intégrés à l'Union européenne en tant que « régions ultrapériphériques » et bénéficient de fonds structurels comme le FEDER (pour le développement régional) ou le FEOGA (pour l'agriculture). Les collectivités d'outre-mer comme Saint-Barthélemy, Saint-Martin, la Polynésie française, la Nouvelle-Calédonie obéissent à des statuts différents et à des conventions qui garantissent néanmoins leur association à l'Union européenne. Par leur diversité géographique, ces départements et collectivités constituent des positions stratégiques : base spatiale de Kourou en Guyane et pendant longtemps, centre d'essais nucléaires à Mururoa dans le Pacifique, plates-formes d'accueil et de déploiement militaire. Le fort potentiel touristique des DOM-TOM est largement sous-utilisé.

Un pays tempéré, de taille moyenne, favorisé par sa géographie

Du fait de son climat tempéré, la France est une grande puissance agricole : 1er producteur européen, 3e exportateur de produits agricoles et agroalimentaires au niveau mondial, et 1er exportateur de l'Union européenne, à égalité avec l'Allemagne. Elle est déficitaire en ressources énergétiques fossiles et minérales. Le charbon, longtemps la principale ressource minérale française, n'est plus exploité depuis 2004. En revanche, les sols et sous-sols français contiennent des matériaux de construction (gravier, sable, calcaire) et des matières premières (soufre, sel, potasse).

La diversité des paysages et des climats (océanique, continentale, méditerranéen et alpin), ainsi que le patrimoine historique considérable – culturel et religieux – constituent un patrimoine précieux et des ressources pour un pays qui demeure la première destination touristique mondiale (en 2009, 74 millions de personnes, provenant en majorité de l'Union européenne). Certains lieux ou édifices sont renommés dans le monde entier comme Versailles, le Louvres, la Tour Eiffel et Paris dans son ensemble, le vignoble de Saint-Émilion, la vallée de la Loire ou le Mont-Saint-Michel, entre autres.

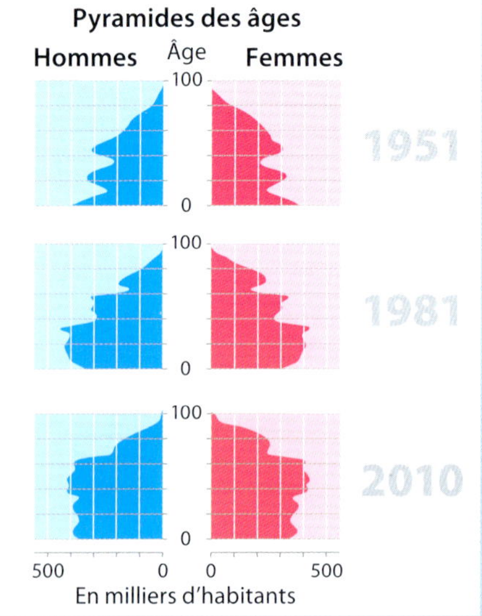

Déformation des régions en fonction du nombre d'habitants en 2009

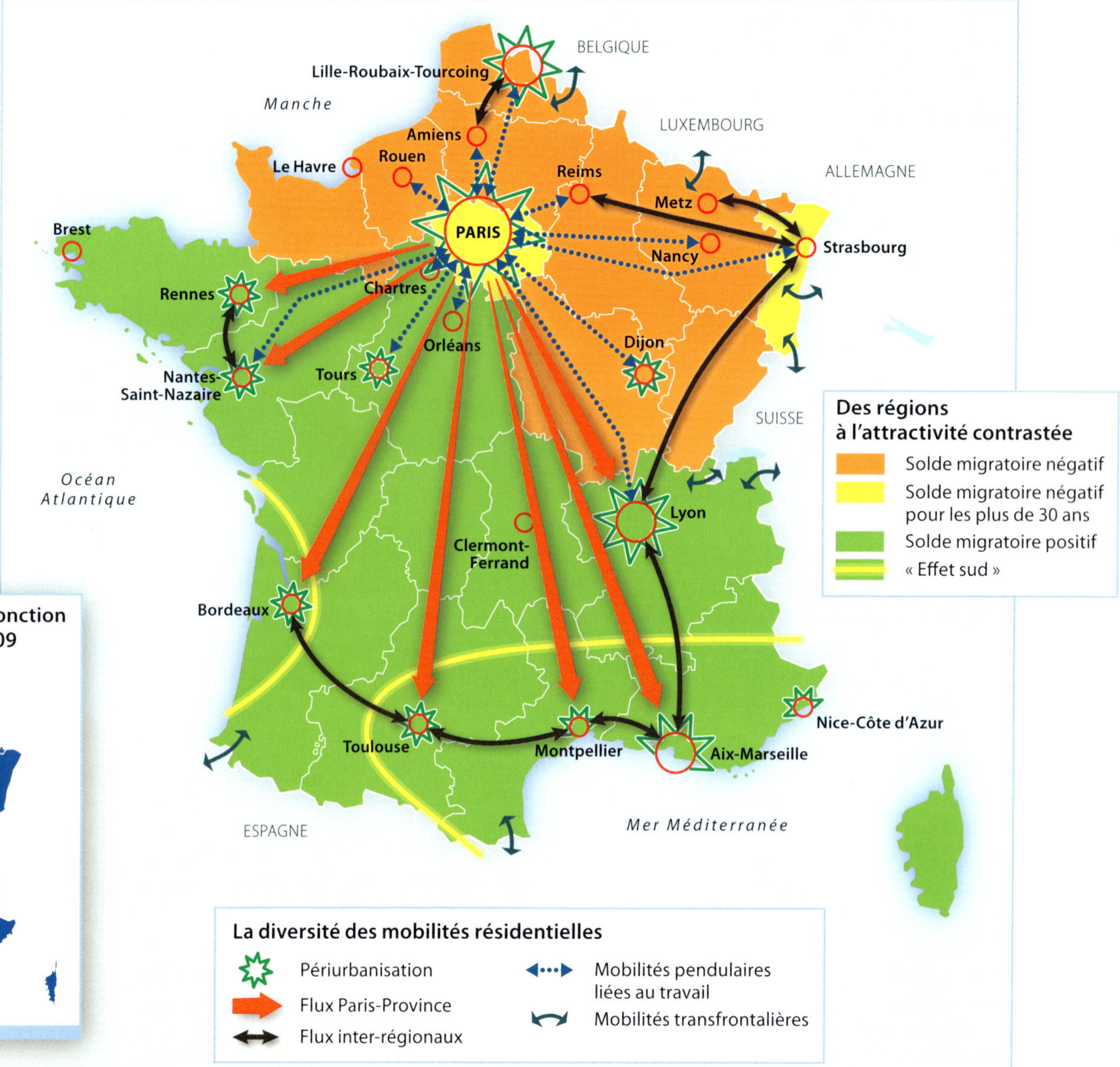

La population et sa mobilité

La population française

Tant que les combats opposaient des infanteries, la démographie a été longtemps associée à la puissance, notamment militaire. À l'époque, la taille des armées d'un pays dépendait du nombre d'habitants. Jusqu'au XIXe siècle, la France a dû son 1er rang en Europe, et donc dans le monde, notamment au fait qu'elle était le pays le plus peuplé du continent. En 1700, elle représentait le quart de la population européenne (22,5 millions).

La défaite contre la Prusse en 1870, la première que la France ait subie contre un pays seul et non contre une coalition, a été attribuée, entre autres, et à tort, à la supériorité démographique de la Prusse. De 1870 à 1914, et même après 1918, les Français ont été obsédés par le fossé démographique entre l'Allemagne et la France. « Je fais la politique étrangère de notre natalité », déclarait Aristide Briand. Au milieu des années 1970, le président Giscard d'Estaing a créé un choc en affirmant que la France, qui ne pesait plus que 1 % de la population mondiale, n'était qu'une puissance moyenne.

À l'heure actuelle, la démographie de la France est ambivalente : elle est la plus dynamique de l'Europe des 27, un ensemble dont le poids relatif s'amenuise.

Au 1er janvier 2011, la France se situe au 21e rang des États du monde pour la population. La sienne s'élève à 65,8 millions d'habitants, dont 63,1 en métropole et 2,7 dans les départements et collectivités d'outre-mer. Elle a gagné 10 millions d'habitants depuis 1981.

> *La démographie la plus dynamique de l'Europe des 27*

À ces chiffres, il faut ajouter 1 500 000 Français établis hors de France. En tenant compte de ceux qui ne sont pas enregistrés, on estime le nombre de Français établis à l'étranger autour de 2,3 millions. En 2007, il y avait 5,2 millions « d'immigrés » en France.

Le dynamisme de la démographie française est plus dû au solde naturel (les naissances sont supérieures aux décès) qu'au solde migratoire. Les chiffres s'expliquent sans doute par une politique familiale volontariste – 3 % du PIB est consacré à l'aide à la famille et, par la valorisation du statut de la mère de famille active, mieux perçue en France que chez ses voisins, et même encouragée. Dans les autres pays européens, le solde migratoire est un facteur plus important que le solde naturel.

Le taux de fécondité (soit le nombre d'enfants par femme) est de 2 en France, contre 1,9 au Royaume-Uni, 1,5 en Espagne et 1,4 en Allemagne et en Italie, où il s'est effondré en dessous du seuil de renouvellement. Il est de 2,7 en Inde, 2,1 au Mexique et en Turquie, 1,9 au Brésil et 1,4 en Russie. Vers 2040, la population française devrait avoir rejoint celle de l'Allemagne qui aurait diminué d'ici là, avec un peu plus de 70 millions d'habitants, et se situer au 24e rang mondial.

En 2010, la répartition de la population française par tranche d'âge est la suivante : les moins de 15 ans représentent 18,5 % de la population, les 15-24 ans : 12,4 %, les 25-34 : 12,3 %, les 35-44 : 13,7 %, les 45-54 : 13,6 %, les 55-64 : 12,7 %, les 65-74 : 7,9 %, les plus de 75 ans : 8,9 %. Cette dernière catégorie, appelée à croître de façon importante, rendra nécessaire un certain nombre de réformes, ainsi qu'une évolution des mentalités.

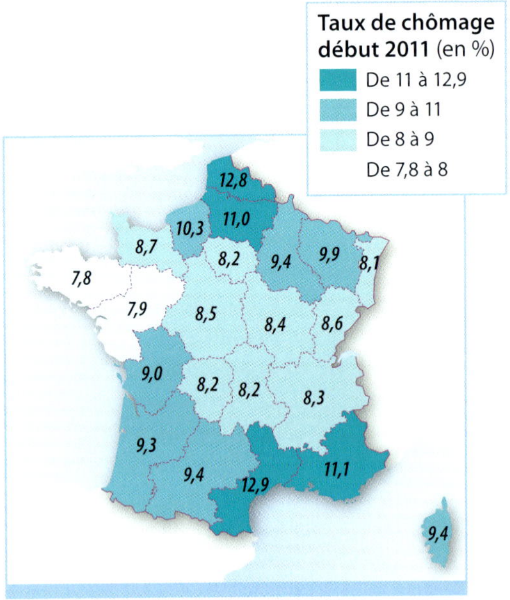

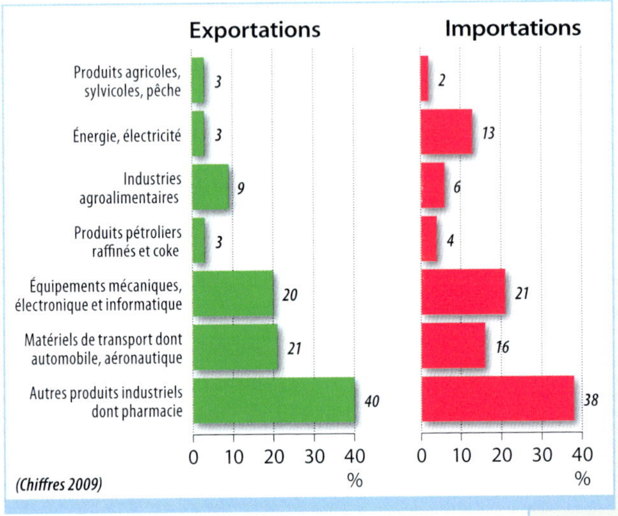

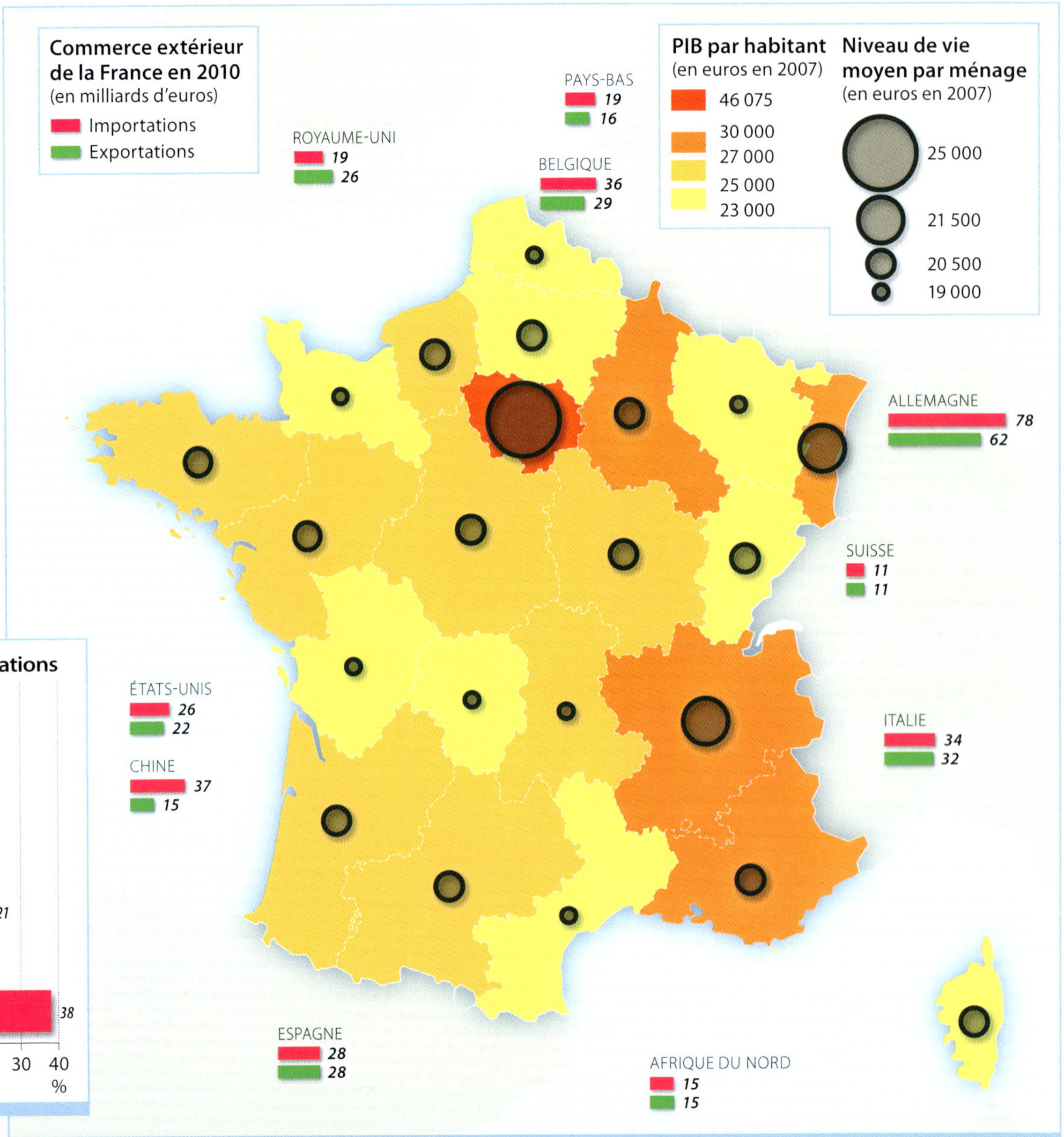

PIB, niveau de vie et commerce extérieur français

Repères économiques et sociaux

La France demeure la cinquième puissance économique mondiale, derrière les États-Unis, la Chine, le Japon et l'Allemagne, et devant le Royaume-Uni. Elle affiche un PIB (produit intérieur brut) de 1 650 milliards d'euros, soit un PIB par habitant légèrement supérieur à 26 000 €.

L'économie française est devenue, au cours de la seconde moitié du XXe siècle, principalement une économie de services. Le secteur tertiaire, qui constitue 79 % du PIB, occupe 72 % de la population active. Il est principalement composé des transports, poste et télécommunication, distribution, banque-assurance et tourisme. Le secteur primaire (agriculture, pêche, exploitation forestière et minière) ne représente que 2 % du PIB, avec 2,8 % de la population active. Le secteur secondaire qui regroupe de nombreuses productions (machines, automobiles, produits chimiques, pharmaceutiques et cosmétiques, métallurgie, composants électriques, aéronautique et aérospatiale, textile, agroalimentaire, construction et énergie) représente 19 % du PIB. Il occupe encore un peu plus de 24 % de la population active.

La balance énergétique de la France est déficitaire d'environ 40 milliards d'euros par an. Le pays importe un peu plus de 160 millions de tonnes d'équivalent pétrole. Elle en produit 130.

La France possède un fort potentiel, encore largement sous-exploité, en énergies renouvelables. À côté de l'hydraulique, la forêt, première d'Europe occidentale, l'éolien et la géothermie offrent d'importantes perspectives. À l'heure actuelle, cette production globale s'élève à 20 millions de tonnes d'équivalent pétrole, soit 15 % de la production nationale énergétique.

La France reste la cinquième puissance économique mondiale

Le chômage tourne autour de 10 % de la population active ; il reste plus élevé que la moyenne des pays développés.

L'économie française, ouverte, occupe une place importante dans les échanges commerciaux mondiaux. La France constitue le sixième pays tant pour les exportations (3,87 % des exportations mondiales) que pour les importations (4,4 des importations mondiales). 61 % des exportations françaises sont à destination de l'Union européenne.

La dette publique nette française s'élève à 1 565 milliards de dollars, soit 77 % du PIB. Le commerce extérieur français est structurellement déficitaire depuis plusieurs années, entre 40 et 50 milliards d'euros.

Répartition des exportations par zones géographiques en 2010 :

Union européenne	61,3 %
Autres	38,7 %
Dont	
Asie	29 %
Amérique	23 %
Europe hors UE	19 %
Afrique	18 %
Proche et Moyen-Orient	10 %
Divers	2 %

Répartition des importations par secteur géographique en 2010 :

Union européenne	58,9 %
Autres	41,1
Dont	
Asie	38%
Europe hors UE	21 %
Amérique	20 %
Afrique	13 %
Divers	4 %

Principaux lanceurs

	EUROPE	RUSSIE		ÉTATS-UNIS	
Modèle	***Ariane***	***Soyouz***	***Proton***	***Atlas***	***Delta***
Constructeur(s)	EADS Astrium	RKK Energia	GNPKZ Krounitchev	Lockheed Martin	Boeing
Premier tir	1979	1957	1965	2002	2002
Nombre de lancements	***201***	***1 770***	***365***	***20***	***15***
Taux de réussite (en %)	***95***	***98***	***89***	***98***	***98***
Ports spatiaux	**Kourou** (Guyane)	**Baïkonour** (Kazakhstan) **Plessetsk** (Nord) Kourou (Guyane)	**Baïkonour** (Kazakhstan)	**Cap Canaveral** (Floride) **Vandenberg** (Californie)	**Cap Canaveral** (Floride)

Durées des trajets en TGV

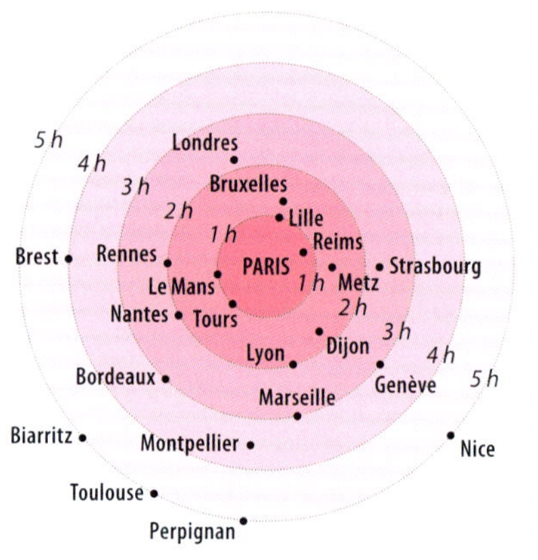

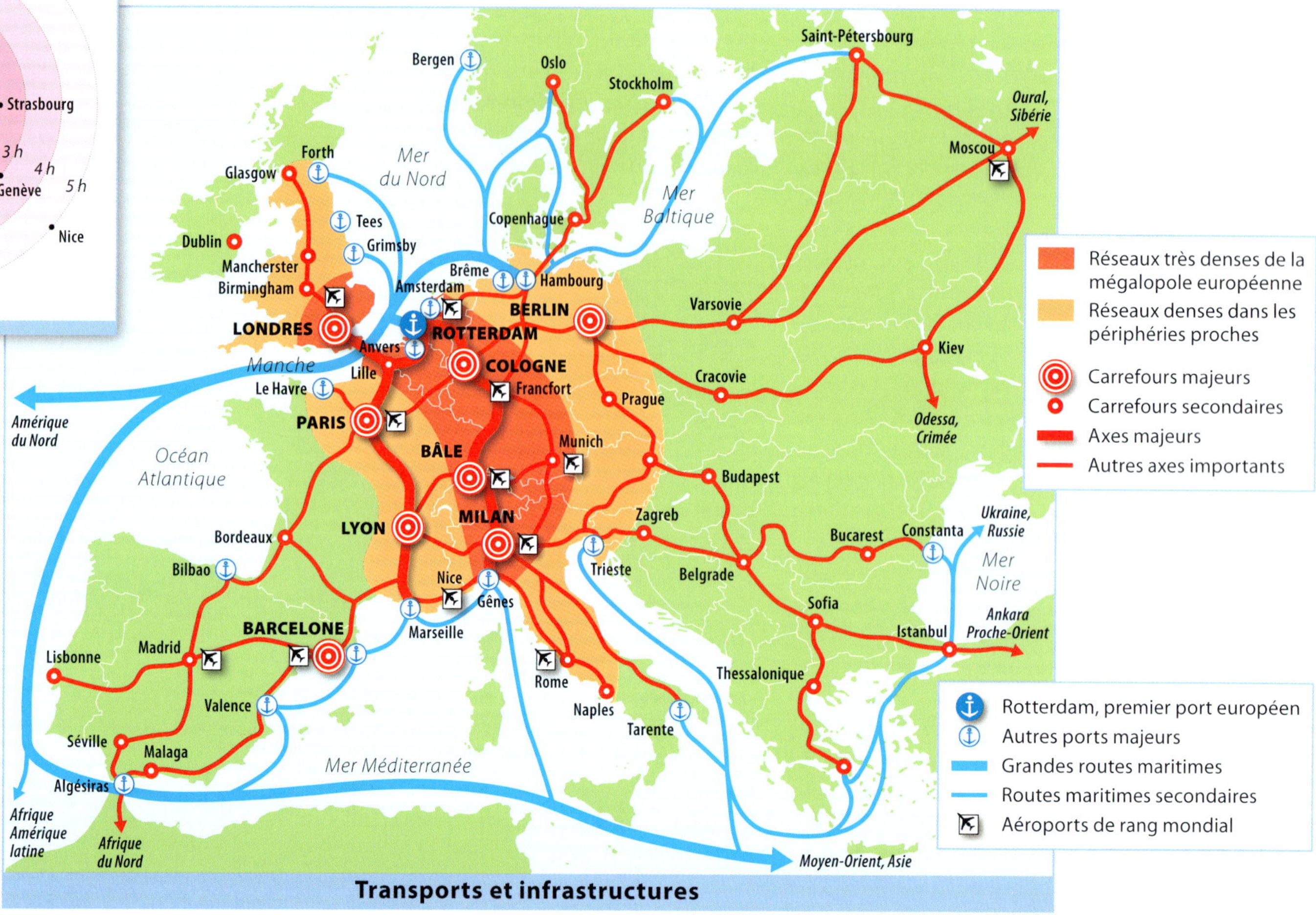

Transports et infrastructures

La France est recouverte d'un réseau très complet d'infrastructures de transports et de communication, qui rendent son territoire remarquablement accessible, aisé à parcourir et attractif. C'est l'héritage de l'action volontaire et méthodique des pouvoirs publics depuis plusieurs siècles et plus encore du XXe siècle et de la Ve République. Il faut aussi souligner le rôle joué par le réseau d'écoles d'ingénieurs performants et de nombreux corps techniques.

Pendant longtemps, la France était administrée selon un système centralisé où tout remontait à Paris. La tradition jacobine, la volonté de contrôler l'ensemble du territoire national depuis la capitale – héritage historique de la constitution de la nation et de la République – et la force d'attraction de Paris avaient joué dans ce sens. On a même pu, après 1945 et dans les années 1960, déplorer un « désert français », pour évoquer la différence énorme en équipements et infrastructures entre Paris et la province. La volonté de corriger cette situation a conduit à une politique d'aménagement du territoire très volontariste, menée par la Datar. La politique de décentralisation mise en œuvre à partir de 1982 a ensuite renforcé les moyens et les ambitions des collectivités locales. Si une grande partie des transports aériens, routiers et ferroviaires converge encore logiquement vers Paris selon un système en étoile, le reste du territoire national a été à son tour remarquablement équipé, y compris en liaisons transversales.

Les transports en commun sont très développés. Paris et la région Île-de-France possèdent un des réseaux les plus denses au monde ; mais il commence à saturer, à vieillir et il nécessite de grands investissements.

La France a été au XIXe siècle une nation pionnière dans le domaine du transport ferroviaire et, dans la deuxième moitié du XXe siècle, dans celui des trains à grande vitesse (TGV). Elle possède un réseau de près de 30 000 kilomètres de voies ferrées, dont 2 800 sont à grande vitesse. À titre de comparaison, on trouve 61 000 kilomètres de voies en Chine (construites en peu d'années et dont la sécurité reste problématique), 34 000 en Allemagne (dont 577 à grande vitesse), 16 321 au Royaume-Uni (dont 108 à grande vitesse).

Un maillage territorial centralisé mais en mutation

De son côté, le réseau routier français totalise un million de kilomètres, dont un peu plus de 11 000 d'autoroutes. La sécurité routière y était médiocre en comparaison des autres pays développés. Elle s'est sensiblement améliorée depuis une dizaine d'années. En revanche, malgré son importante façade maritime, la France ne cesse de perdre du terrain en matière portuaire, car ses équipements sont trop souvent paralysés. Le Havre, premier port français, n'est que le 10e port européen et le 49e mondial.

Le taux d'équipement automobile atteint 60 % (États-Unis 82 %, Chine 3,2 %, Allemagne 62 %). Le taux d'équipement en téléphones portables est de 93 % des habitants (Allemagne 128 %, États-Unis 86 %, Chine 47 %). Quant aux utilisateurs d'Internet, le taux est de 68 % (74 % aux États-Unis, 22 % en Chine, 75 % en Allemagne). La France compte 297 aéroports (États-Unis 5174, Chine 425, Allemagne 330, Royaume-Uni 307), Charles-de-Gaulle est le sixième aéroport mondial en termes de passagers.

44

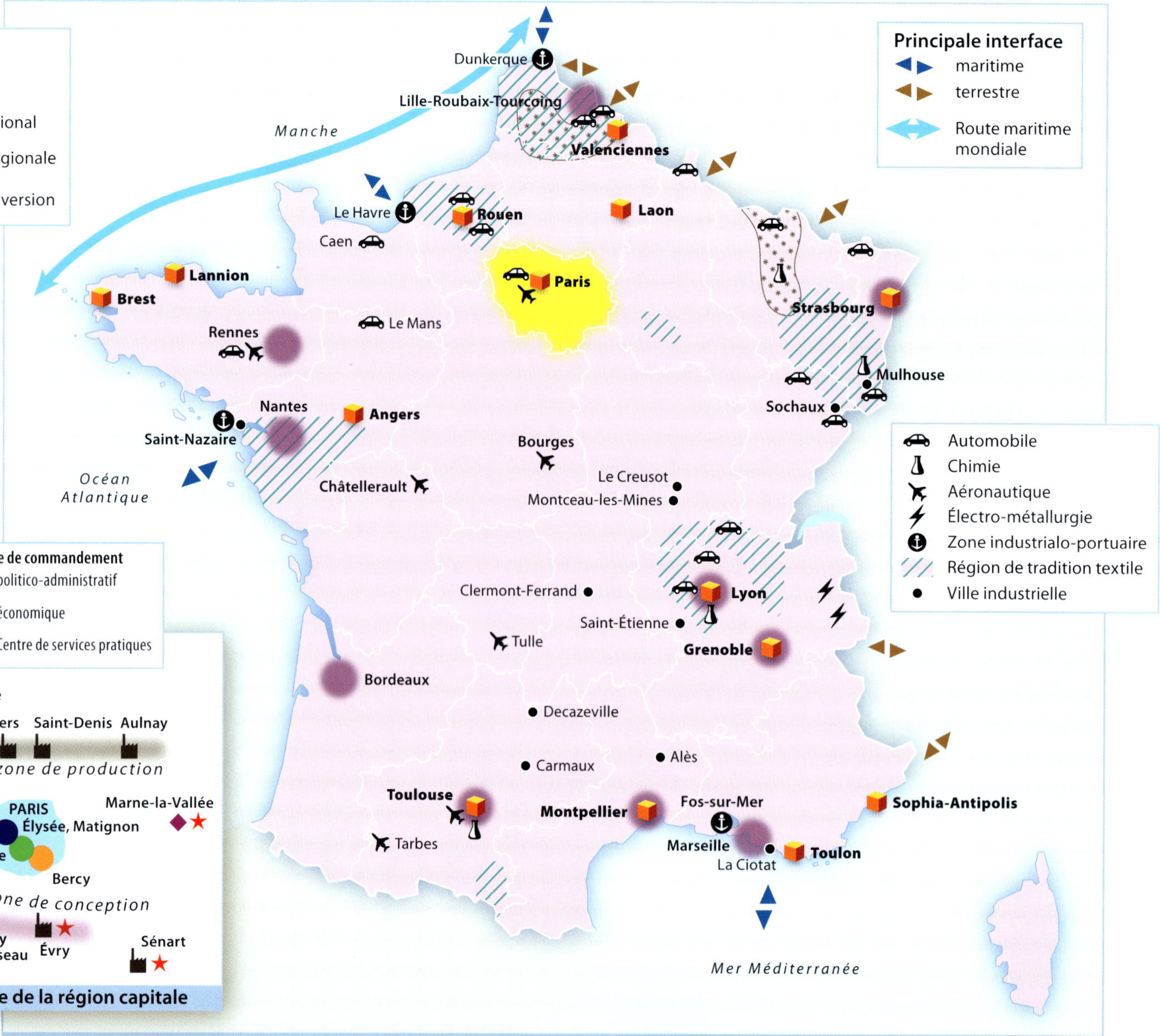

Les implantations industrielles

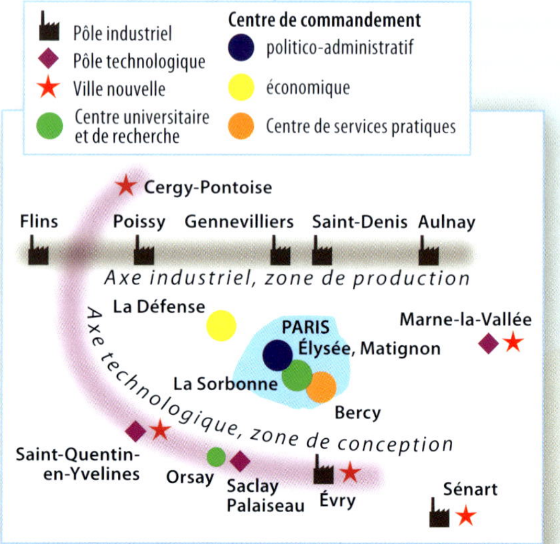

L'organisation spatiale de la région capitale

La compétitivité industrielle

La France est-elle en train de perdre son industrie, et sa compétitivité industrielle ?

Elle fut historiquement l'une des premières puissances industrielles, notamment dans les domaines de la métallurgie, de l'agroalimentaire, de la chimie, de la pharmacie, de l'automobile et de l'aérospatiale et de l'espace, mais comme certains autres pays développés, elle redoute un déclin.

La part des exportations françaises dans les échanges mondiaux est passée de 6,5 % en 1990 à 3,5 % actuellement.

Cette perte de terrain est plus due à l'émergence de nouveaux pays industriels, notamment en Asie et également en Amérique latine, et à la perte globale du monopole de la puissance par les pays occidentaux, que par un déclin spécifique à la France. Cependant, les marchés traditionnels de la France sont parmi les éléments les moins dynamiques de la croissance mondiale, contrairement aux exportations allemandes. La France représente 11,4 % des exportations de l'Union européenne contre 28,1 % pour l'Allemagne. L'Italie suit avec 10,7 % et le Royaume-Uni, 10,5.

La France connaît une première vague de désindustrialisation dans les années 1970, qui dura jusqu'au milieu des années 1980, et coûta le tiers des emplois industriels. Une seconde s'est traduite par la perte de 500 000 emplois depuis le début du siècle. Afin de lutter contre ce phénomène, certains préconisent l'augmentation des investissements en recherche, développement et innovation. D'autres plaident pour un protectionnisme européen, estimant la concurrence des pays émergents, non loyale.

Des leaders internationaux mais une perte de terrain

Le décrochage d'avec l'Allemagne est néanmoins inquiétant pour la France. En 2000, les exportations françaises représentaient 55 % des exportations allemandes contre seulement 40% aujourd'hui. De 2000 à 2007, la France a perdu 13 % de ses entreprises industrielles contre 3 % pour l'Allemagne.

L'Allemagne a misé sur une stratégie de compétitivité grâce à une meilleure maîtrise des déficits publics, plus d'investissements dans la recherche et une réforme du marché du travail – une compression des dépenses de l'État-providence – facilitée par un réel dialogue social.

Les grandes entreprises, dites du CAC 40, sont de tout premier plan.

L'Oréal est le numéro un mondial des cosmétiques, Danone occupe le cinquième rang mondial dans le domaine des industries agroalimentaires, Carrefour, Auchan et Casino sont au sixième, huitième et neuvième rang mondial des entreprises de la grande distribution. Schneider électrique occupe la 14e place des biens électroniques, Peugeot et Renault sont en cinquième et septième position pour l'industrie automobile, Vinci et Bouygues sont en tête de l'industrie des bâtiments et des travaux publics. La firme européenne EADS est la deuxième firme aéronautique mondiale, France Telecom est la sixième entreprise de télécommunications. Alcatel Alsthom se situe au troisième rang des équipementiers en télécommunications, Sanofi au cinquième rang de l'industrie pharmaceutique, Total – première entreprise française – est septième pour les compagnies pétrolières, tandis que EDF et GDF-Suez sont également parmi les meilleures dans le secteur de l'énergie.

Les centrales nucléaires en service en France

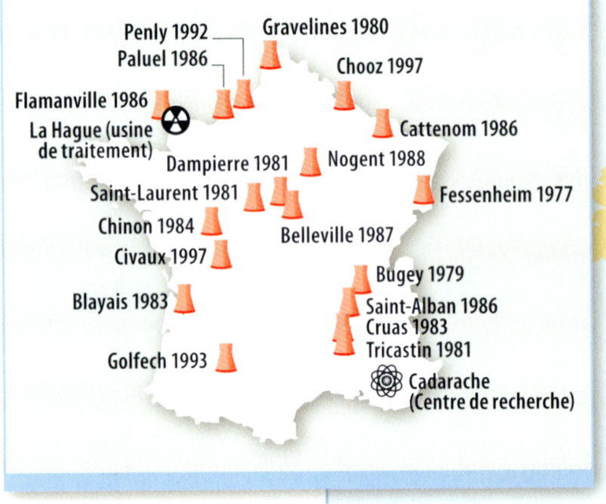

La part de l'origine de l'électricité en France

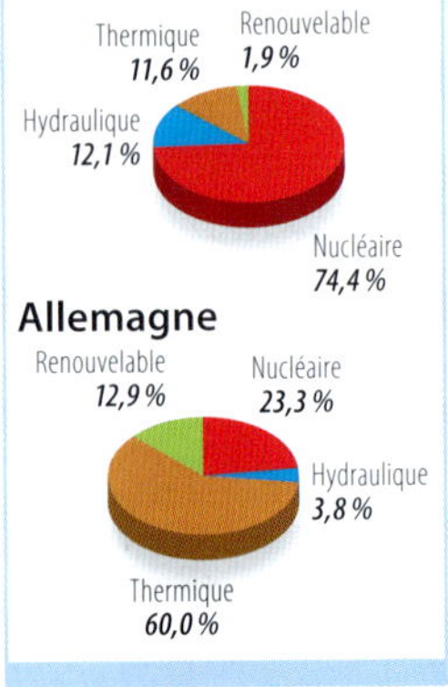

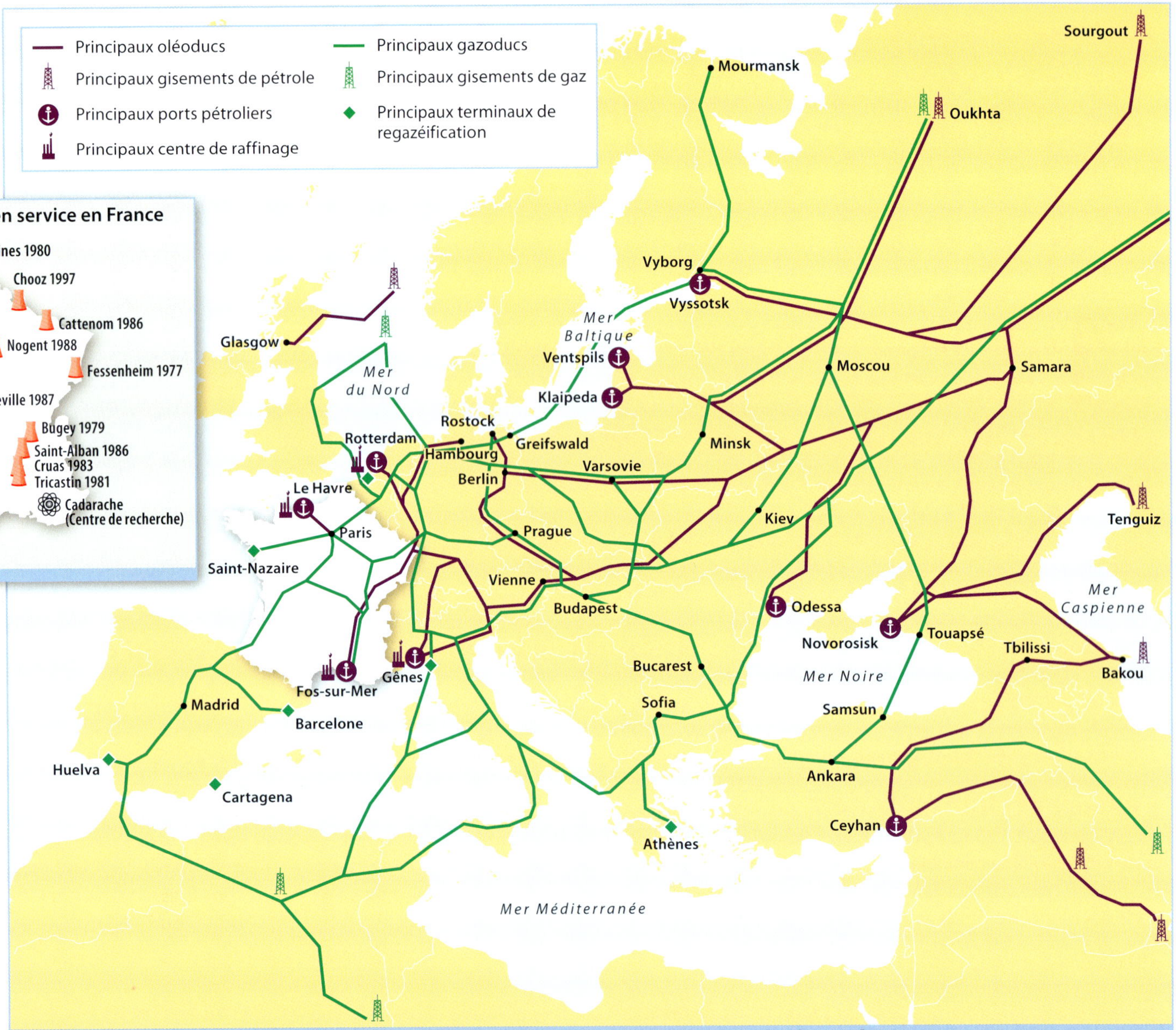

L'approvisionnement de l'Union européenne en hydrocarbures

Énergie

La France consomme 2,5 % de l'énergie mondiale pour moins d'1 % de la population totale (les États-Unis qui comptent pour 5 % de la population, en consomment 23 %). Elle ne produit que 50 % de l'énergie qu'elle consomme, ce qui la contraint à importer le reste.

Pour des raisons d'indépendance et pour ne pas trop dépendre du pétrole, elle a choisi, dans les années 1970, le nucléaire comme principale production nationale d'énergie et surtout d'électricité (pour plus des trois-quarts). Ces décisions en font un cas rare au niveau mondial (mais expliquent les faibles rejets de CO_2). La France possède 58 réacteurs nucléaires répartis dans 19 centrales, 12 réacteurs arrêtés sont en cours de démantèlement, 13 centres de stockage de déchets radioactifs et un réacteur nouvelle génération en cours de construction. La France constitue le second producteur d'énergie nucléaire dans le monde, après les États-Unis. De plus, elle produit à elle seule 16% de l'énergie électrique d'origine nucléaire générée dans le monde. L'uranium naturel utilisé en France est intégralement importé, notamment du Niger. La production française d'électricité est excédentaire pour 1,2 milliard d'euros.

Les produits pétroliers représentent à peu près la moitié de l'énergie finalement consommée en France. Ils proviennent d'Afrique (29 %), de l'ex-Union soviétique (29 %), du Moyen-Orient (22 %) et de la mer du Nord (20 %). L'électricité et le gaz représentent chacun un peu plus de 20 % de la consommation finale, les énergies renouvelables 7 %.

La facture énergétique de la France en 2010 s'élève à 36 milliards d'euros pour le pétrole et les produits pétroliers raffinés, 9,7 milliards d'euros pour le gaz et 2,3 pour les combustibles minéraux solides. Les productions industrielles et agricoles représentent un quart de la consommation finale d'énergie de la France, le secteur tertiaire et la consommation des ménages 44 %, les transports 32 %.

Le choix du nucléaire confronté aux énergies renouvelables

Le potentiel d'énergie renouvelable français est considérable : ressources hydrauliques et géothermiques, première forêt d'Europe occidentale et second « gisement éolien » (après celui du Royaume-Uni) grâce à une façade littorale bien exposée. Certains projets éoliens off-shore avancent peu à peu, comme celui du Tréport en Seine-Maritime. Mais à ce jour, les énergies renouvelables (y compris l'hydro-électricité qui est la principale ressource française) ne fournissent que 13,9 % de la production d'énergie primaire.

La France investit 1,8 milliard par an dans les énergies renouvelables contre 4,3 milliards pour l'Allemagne et 34,6 milliards pour la Chine, qui arrive en tête des pays du G20 dans ce domaine. L'Allemagne compte 2,5 fois plus d'emplois dans les énergies renouvelables que la France.

L'effort de recherche publique française dans le domaine de l'énergie est légèrement inférieur à 1 milliard d'euros, dont la moitié est consacrée à la recherche nucléaire civile. Ce budget est deux fois plus élevé que celui de l'Allemagne. Il reste inférieur à ceux du Japon (3,5 milliards) et des États-Unis (4,4 milliards).

Les États membres de l'Union européenne se sont engagés à réduire de 20 % d'ici 2020 leur consommation d'énergie primaire. La consommation par habitant est de 4,15 tonnes équivalent pétrole en France, contre 3,75 aux États-Unis, 3,48 au Royaume-Uni, 1,48 en Chine et 1,23 au Brésil.

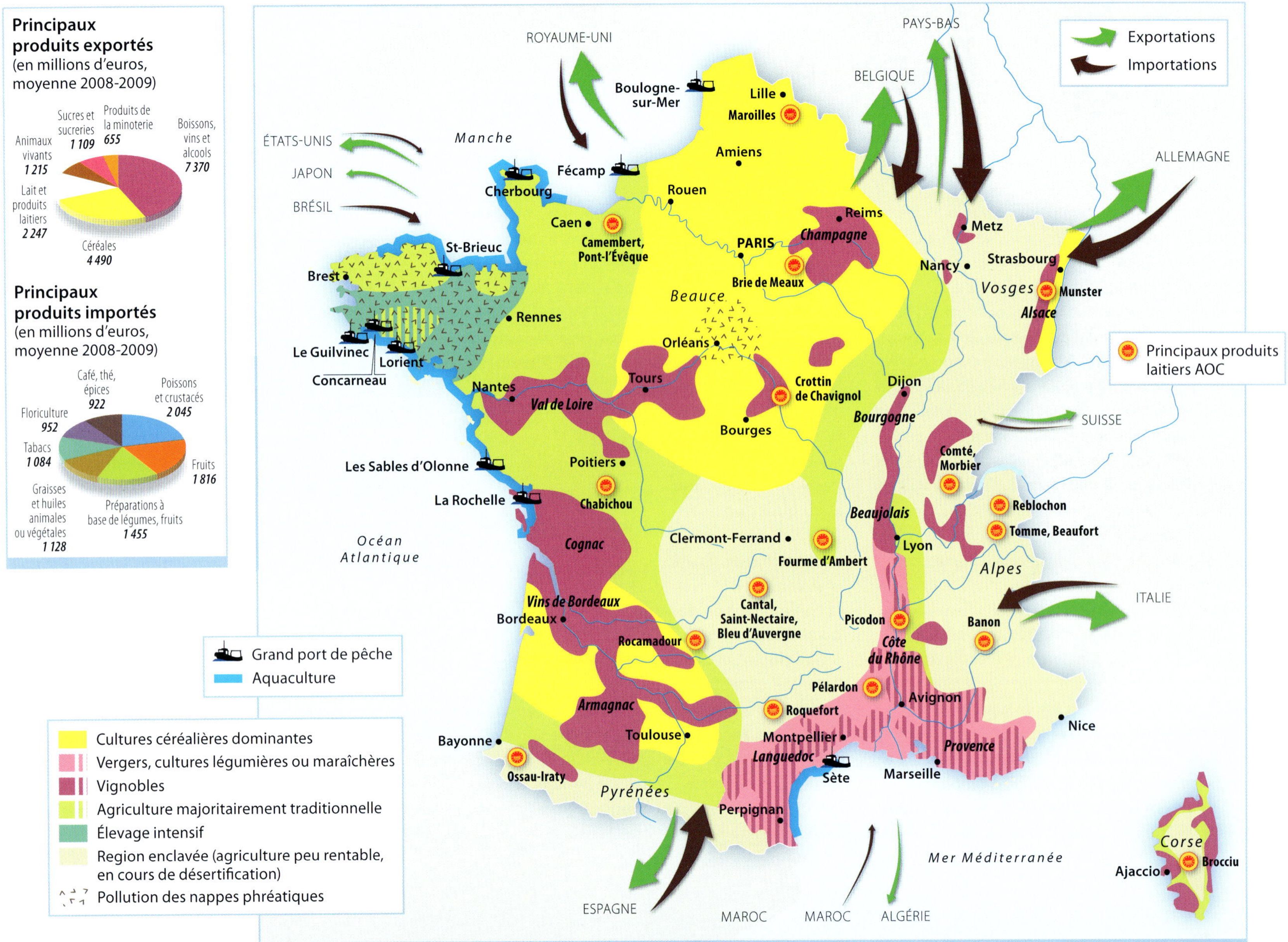

Les espaces agricoles

UNE GRANDE PUISSANCE AGRICOLE

Premier producteur et exportateur agricole européen, la France réalise 18 % de la production de l'Union européenne, suivie à égalité par l'Allemagne et l'Italie (13 % chacune) et l'Espagne (11 %), puis la Pologne (6 %).

Créée dès l'origine du Marché Commun, la PAC (Politique agricole commune européenne) a permis d'atteindre l'autosuffisance alimentaire, puis une capacité exportatrice, tout en garantissant le revenu des agriculteurs. La France en est la première bénéficiaire : elle a reçu, en 2009, 20 % des crédits soit 9,8 milliards d'euros. Inévitablement, elle se trouve la première concernée par sa réforme, sachant que depuis 2003, les aides européennes sont, et avec l'accord de la France, conditionnées à des respects d'objectifs écologiques et que les revenus ont été pour l'essentiel dissociés de la production.

Les principales productions françaises sont les céréales (premier producteur européen, 48,5 millions de tonnes), le vin (cinquième producteur mondial, 53 millions d'hectolitres), le lait (deuxième producteur mondial de lait après l'Italie, 22 milliards de litres), les betteraves sucrières (deuxième rang européen et cinquième rang mondial, 26 millions de tonnes), les graines oléagineuses (premier rang mondial, 5,7 millions de tonnes), les produits carnés (premier rang européen). L'industrie agroalimentaire est logiquement très puissante (Béghin Say, Danone). Les sols boisés occupent 15 millions d'hectares, soit 29 % du territoire national.

Les échanges agricoles mondiaux sont dominés par les États-Unis et l'Union européenne, qui suscitent les critiques du groupe de CAIRNS (Amérique latine, Australie, Afrique du Sud et Asie du Sud-Est). Ces pays ont une approche libérale de l'agriculture et contestent les aides accordées par les Américains et les Européens à leurs agriculteurs. Cette controverse est au cœur des négociations sur le commerce mondial, au sein de l'OMC. Les pressions sont fortes de la part des pays émergents ou des Africains pour demander la réduction des droits de douanes européens, ainsi que la suppression de leurs subventions à leurs exportations, ce qui pourrait mettre en cause la vocation agricole exportatrice de la France. Le solde de la balance commerciale agricole française est positif, d'environ une quinzaine de milliards d'euros par an.

La première puissance agricole de l' Union européenne

Il reste aujourd'hui en France 1 million d'agriculteurs, soit 3 % de la population active, contre la moitié au milieu du XXe siècle. Les agriculteurs jouent également par leur présence un rôle important dans l'aménagement du territoire et la désertification de certaines régions. L'agriculture à venir sera inévitablement plus biologique, plus écologique, consommera moins de pesticides, de produits chimiques et d'eau (maïs), tout en essayant d'être aussi, ou plus, productive. La Commission européenne voudrait que 30 % des aides directes aux agriculteurs soient conditionnées à l'amélioration du caractère écologique de leurs exploitations. Pour des raisons écologiques, mais aussi financières, une PAEC (PAC écologique) est probable.

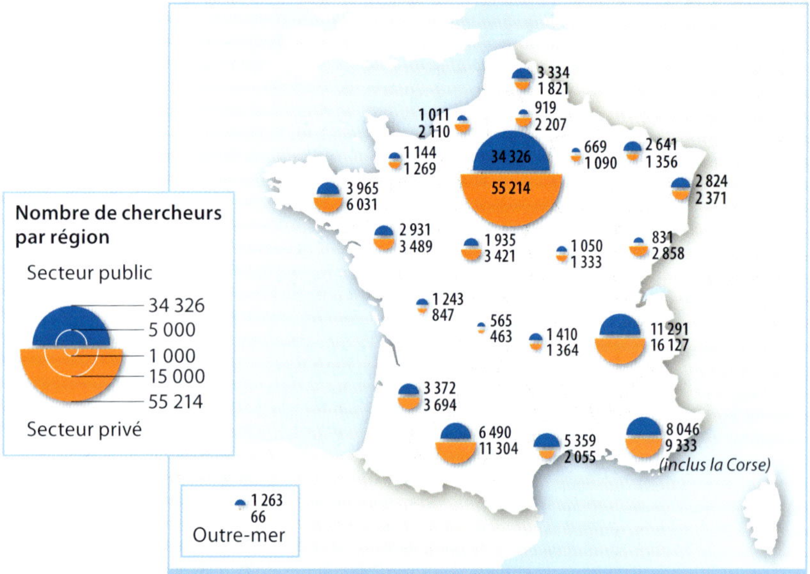

Les chercheurs en 2008

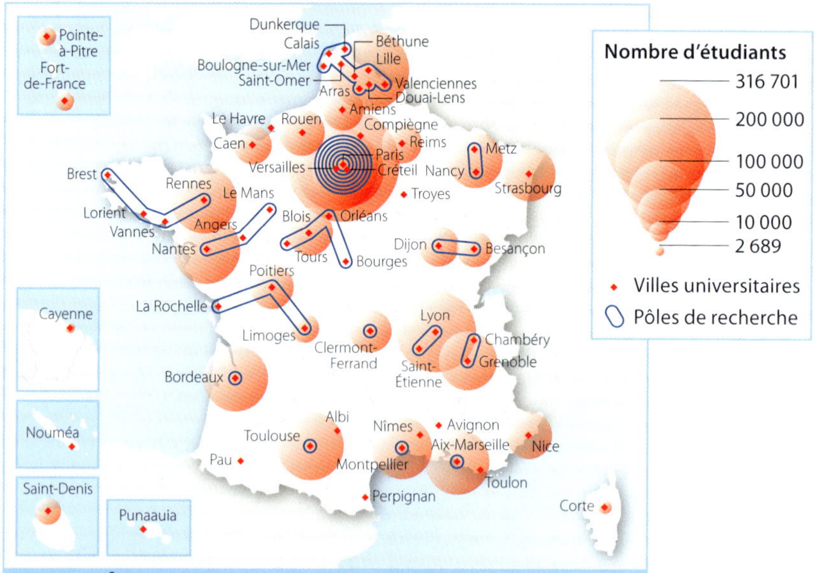

Étudiants par académie (2009-2010)

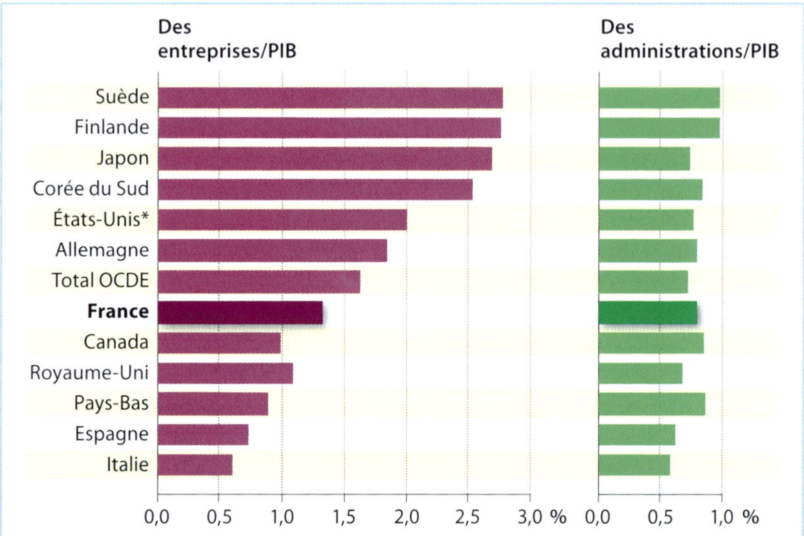

* Dépenses en capital exclues (toutes ou en partie).

Dépense intérieure de R&D en pourcentage du PIB (2008)

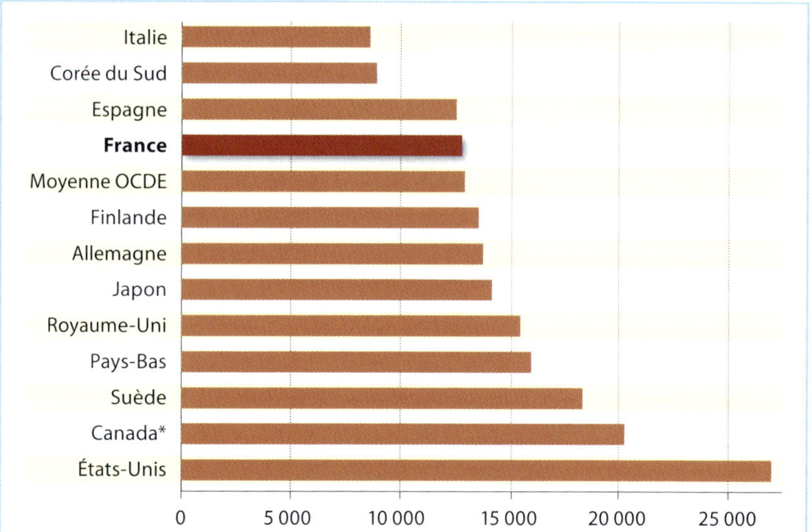

* en 2006 ; ** Parité du pouvoir d'achat

Dépenses annuelles par étudiant (2007)

Sciences, recherche, innovation

L'image du pays du luxe, du bien vivre et de la gastronomie occulte parfois les performances scientifiques et de recherche de la France.

La France compte 400 000 chercheurs, ce qui la place au 6e rang mondial, derrière les États-Unis, la Chine, le Japon, la Russie et l'Allemagne, et au 2e rang européen. Elle dispose d'organismes de recherche publics d'envergure internationale, présents dans la plupart des secteurs de l'innovation : CNRS, CEA, Institut Pasteur, Inserm, Inra, École Polytechnique. Elle est à l'origine d'innovations importantes, du TGV à la fusée Ariane, de la carte à mémoire à la thérapie génique, ou à la découverte du rétrovirus du sida. Elle est le 3e pays en Europe pour le nombre de prix Nobel dans les disciplines scientifiques depuis 1950 et se situe au 5e rang mondial et au 2e rang européen derrière l'Allemagne pour le dépôt des brevets internationaux. Si une partie de ses scientifiques va s'établir en Amérique du Nord (États-Unis, Canada) où ils ont de meilleures conditions de travail, la France ne subit pas pour autant une fuite des cerveaux et attire au total plus de chercheurs qu'elle n'en perd.

La France consacre 2,21 % de son PIB à la recherche et au développement, ce qui représente un peu moins de 41 milliards de dollars. La Grande-Bretagne y consacre une somme comparable, l'Allemagne 2,82 % de son PIB, ce qui la place loin devant au niveau européen. Les États-Unis y dédient environ 400 milliards et 2,7 % du PIB. Le Brésil consacre déjà 20 milliards aux dépenses R&D et pèse de plus en plus sur la scène scientifique internationale. La part des dépenses R&D de la Chine est passée de 0,57 % du PIB en 1950 à 1,62 % en 2009, avec un PIB de croissance de 10 % par an.

La France attire plus de chercheurs qu' elle n' en perd

Il y a 80 000 doctorants dans les écoles doctorales en France et 12 000 docteurs nouveaux chaque année. Ils sont inscrits en sciences, majoritairement (43 %), puis en lettres et sciences humaines (35%), en droit, économie, AES (19 %) et en santé (3 %)

Les passerelles entre la recherche universitaire et le monde économique pourraient être plus développées. Les entreprises françaises peinent souvent à traduire en innovation industrielle rentable les découvertes et inventions des organismes de recherche.

Comparaison du nombre de récipiendaires du prix Nobel scientifique (physique, chimie, médecine), par pays depuis 1900

	Physique	Médecine	Chimie
États-Unis	81	63	63
Allemagne	23,5	26	26
Royaume-Uni	20,5	25	25
France	12	12	8
Russie	2,5	1	1
Chine	2	–	–

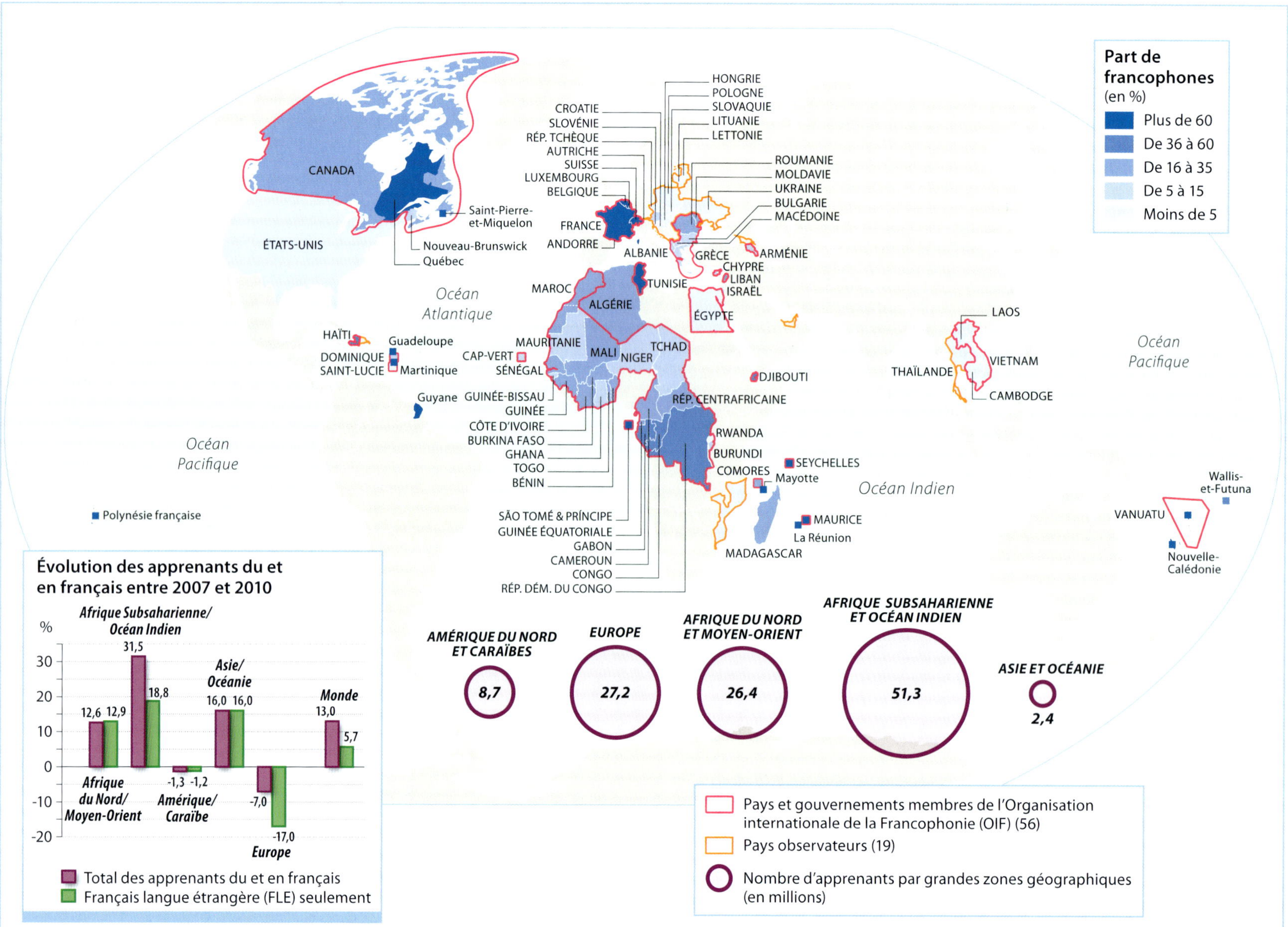

Population francophone dans le monde

LA FRANCOPHONIE ET L'ÉDUCATION

La *langue* est un instrument irremplaçable de cohésion et d'identité, mais aussi d'influence et de puissance. Du XVIIe siècle au début du XXe, le français est en Europe, et au-delà, la langue des élites intellectuelles, gouvernementales et diplomatiques. Cela découle de la puissance de la France et lui donne un surcroît de rayonnement. Le traité de Versailles, en 1919, est le premier grand document diplomatique à être rédigé à la fois en français et en anglais, ce qui marque, avec le recul, un passage de témoin symbolique entre les deux langues. Le rôle mondial des États-Unis après la Seconde Guerre mondiale et le phénomène d'américano-globalisation font de l'anglais, ou de sa forme internationale simplifiée (le *globish* à la fin du XXe siècle), la langue véhiculaire de l'économie et de la vie internationale. Toutes les grandes langues de culture et de communication, dont le français (mais pas l'espagnol qui progresse aux États-Unis) cèdent devant ce raz-de-marée.

Bien qu'ayant perdu son statut de langue diplomatique dominante, le français reste encore l'une des deux grandes langues de communication internationale officielle dans une trentaine d'États. Il demeure la deuxième langue étrangère la plus enseignée au sein de l'Union européenne et la sixième langue la plus parlée dans le monde. Avec 220 millions de locuteurs, il est une des six langues officielles, une des deux langues de travail de l'ONU et la langue officielle de 29 États. La demande d'apprentissage du français reste forte dans le monde.

Le terme de *francophonie* a été forgé à la fin du XIXe siècle par Onésime Reclus, pour désigner ceux qui font usage de la langue française dans leur vie sociale, administrative et professionnelle. La conception d'une francophonie défensive contre la progression de l'anglo-américain international, longtemps dominante, marquée par la notion « d'exception culturelle », s'est élargie à une politique de promotion de la *diversité culturelle et linguistique*, combat difficile et nécessaire, consacré par l'UNESCO et qui permet des alliances. L'Organisation internationale de la Francophonie (OIF), créée à l'initiative de la France, est composée de 75 pays, 56 membres à part entière et 19 observateurs. L'ancien président sénégalais Abdou Diouf en est le secrétaire général depuis 2003.

La langue et la culture françaises jouissent encore d' un fort prestige

La France compte 2,3 millions d'étudiants dans l'enseignement Supérieur et plus de 5 millions dans le Secondaire. Les dépenses d'éducation représentent 6,9 % du PIB. 250 000 élèves sont scolarisés dans les établissements français d'éducation hors de France. Les deux tiers sont des élèves étrangers, appartenant très souvent aux élites locales. La France est le troisième pays d'accueil au monde pour les étudiants étrangers, à égalité avec l'Allemagne (7,3 %), mais derrière les États-Unis (18,7 %) et le Royaume-Uni (10 %), et loin devant l'Espagne et l'Italie (2 %). Cependant, trois établissements universitaires français seulement (sur les cent premiers mondiaux) figurent dans les classements américains et chinois.

La culture française n'a plus le rôle central et dominant qu'elle avait au XVIIIe siècle ou au XIXe siècle, mais elle jouit encore d'un prestige particulier malgré la domination de la culture américaine de divertissement de masse. Sa littérature reste influente. Les auteurs français ont remporté 13 prix Nobel de littérature depuis 1900. De plus, son cinéma est l'un des rares qui a résisté en Occident au déferlement, après 1945, de l'industrie cinématographique américaine.

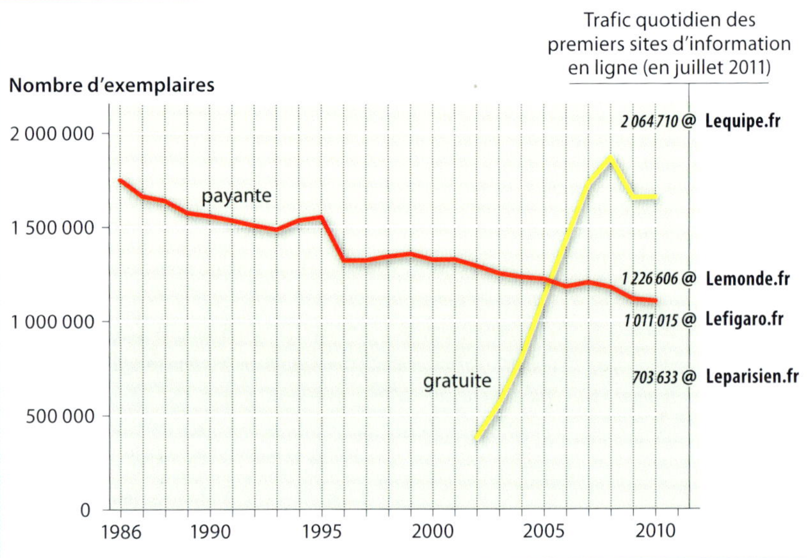

Diffusion quotidienne moyenne de la presse d'information nationale

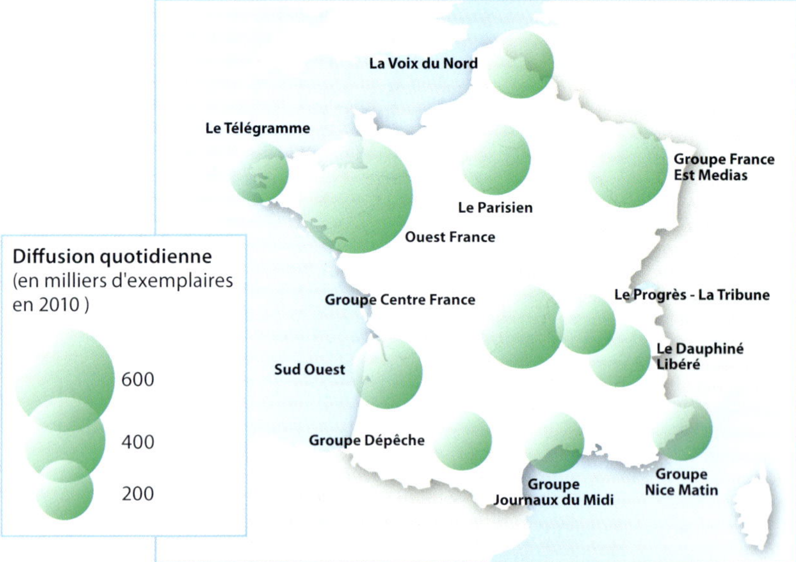

La presse quotidienne régionale

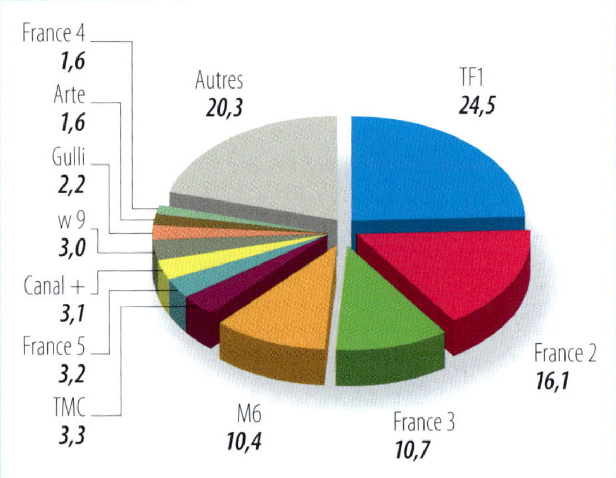

Part de marché des principales chaînes télévisées en 2010 (%)

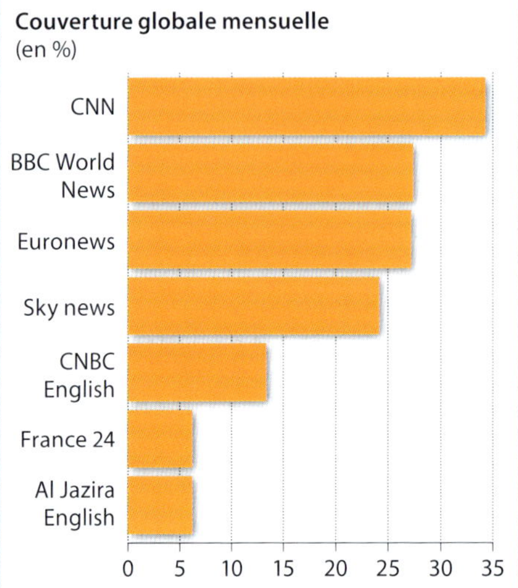

*en Europe, Moyen-Orient et Afrique (plusieurs réponses possibles), étude EMS EMEA 2010

Chaînes d'information en continu*

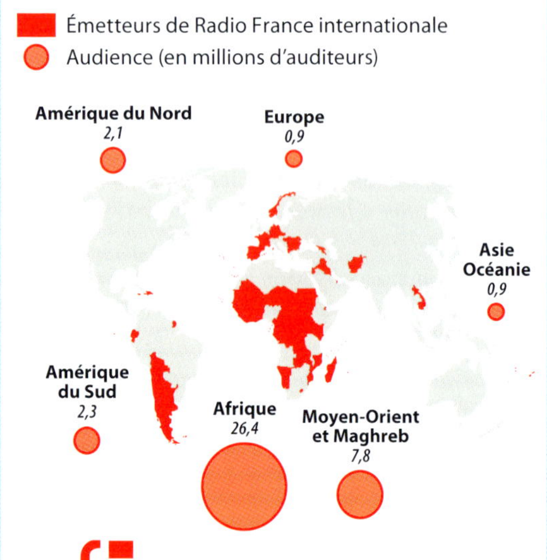

rfi : 1er réseau FM du monde

Les médias

Le premier journal créé en France en 1631, par Théophraste Renaudot, s'intitule la *Gazette*. C'est en réalité un organe officieux du pouvoir dans lequel Richelieu ou le Père Joseph écrivaient parfois anonymement. En 1789, la Déclaration universelle des droits de l'homme et du citoyen proclame le principe de la liberté de la presse. La libre communication des pensées et des opinions s'impose comme l'un des droits les plus précieux de l'homme. Tout citoyen peut parler, écrire et imprimer librement. Néanmoins, jusqu'en 1881, le gouvernement exerce un contrôle et une censure sur la presse. Après la Libération, les journaux accusés de collaboration sont interdits ou saisis. Parallèlement, le Conseil national de la Résistance a cherché à empêcher la concentration de la presse afin de préserver la liberté retrouvée. La télévision, source importante et nouvelle d'influence, se développe sous la présidence du général de Gaulle. L'information y est étroitement contrôlée par le pouvoir et l'État conserve le monopole de l'audiovisuel. Après mai 1981, la liberté des ondes est proclamée, tandis que l'offre audiovisuelle s'étoffe. On assiste aujourd'hui à une nouvelle concentration des titres de presse, contrôlés par quelques groupes économiques privés qui peuvent par ailleurs être fournisseurs de l'État.

Outre la libre information des citoyens, l'autre enjeu des groupes de médias tient à l'influence du pays à l'étranger. Le recul relatif de toutes les langues (dont le français) par rapport à l'anglais et à sa déclinaison *globish*, mais aussi la faiblesse capitalistique des groupes français, leur donnent une place moins importante que les médias anglophones, qu'il s'agisse de la presse écrite ou de l'audiovisuel. Radio France International conserve une influence forte en Afrique, TV5 Monde a été conçue avec d'autres pays francophones pour avoir une chaîne spécifique, tandis que France 24 a été créée pour disposer d'un canal d'informations télévisées continues en français, en anglais et en arabe. Cependant, la faiblesse de ses moyens, ainsi que des problèmes de direction ne lui ont pas encore permis d'asseoir véritablement son rôle. En France comme ailleurs, la confiance dans les médias traditionnels s'érode et la presse écrite traverse de grandes difficultés. Les journaux payants y sont relativement chers par rapport à leurs homologues étrangers, et ils dépendent de recettes publicitaires par ailleurs en baisse. La presse locale résiste cependant mieux que la presse nationale d'information qui a vu sa part dans le chiffre d'affaires global de la presse passer de 19,3 % en 1990 à 13,8 en 2010.

> *Les médias français peinent à exister au niveau mondial*

De grands bouleversements ont été provoqués par l'irruption d'une presse gratuite et surtout l'extraordinaire essor d'Internet, second média préféré des Français après la télévision. Les Français y consacrent 10 heures par semaine contre 12 à la télévision. Avec plus de 20 millions d'abonnés à Internet en France et une croissance annuelle de près de 10 %, le nombre d'internautes français est estimé à 38 millions soit sept Français sur 10 contre trois Français sur 10 en 2001.

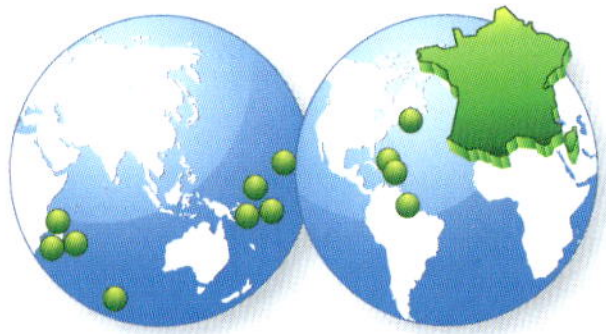

Le sport

Le sport est-il un facteur de rayonnement international ?

Le général de Gaulle, pourtant lui-même peu amateur de sport, avait compris l'importance des victoires sportives pour l'image de la France. Alors qu'en 1964, à Tokyo, la France n'échappe pas à la honte de ne revenir sans aucune médaille d'or, il décida que la France devait également avoir une politique sportive et que l'État devait y jouer son rôle.

Traditionnellement, les élites françaises ont à l'égard du sport plus de réticences que les pays voisins, notamment anglo-saxons. La France avait une faible tradition de pratique sportive, le sport étant jugé socialement déclassé ou, à l'inverse, réservé à une petite élite aristocratique. De ce fait, la France a eu, dans les compétitions internationales, des résultats sportifs médiocres par rapport à son poids et son rôle mondial. Pourtant, les Français sont à l'origine de la création de nombreuses compétitions sportives. La France brillait par sa position institutionnelle dans le sport mais non dans les résultats obtenus sur le terrain.

C'est à l'initiative du baron Pierre de Coubertin que les Jeux olympiques ont été recréés à partir de 1896. C'est le Français Jules Rimet, président de la FIFA pendant plus de trente ans, qui est à l'origine de la Coupe du monde de football dont la première édition a eu lieu en 1930. Toujours dans le sport roi, la plus importante compétition entre clubs, l'ancienne Coupe d'Europe des clubs champions, devenue Champion's league doit sa création à des journalistes français, tout comme le Ballon d'or, la récompense suprême pour un footballeur, qui a été créée par le journal *France football*. Le Tour de France, qui éclipse les autres compétitions cyclistes, ou Roland Garros, l'un des quatre tournois du Grand Chelem qui rythment le tennis mondial.

La France a longtemps brillé plus par sa position institutionnelle que sur le terrain

Mais dans les deux premiers tiers du XXe siècle, les succès français dans les compétitions étaient d'autant plus remarqués qu'ils étaient rares.

Aujourd'hui, la France a des résultats honorables dans la plupart des sports, qu'ils soient individuels ou collectifs. Aux derniers Jeux olympiques à Pékin en 2008, la France a terminé à la 10e place du tableau des médailles. Les Français règnent sur plusieurs disciplines comme le judo, l'escrime ou le handball, et sont présents au plus haut niveau dans les sports les plus médiatisés (football, tennis, rugby, cyclisme). Toutefois les échecs répétés à obtenir l'orga-

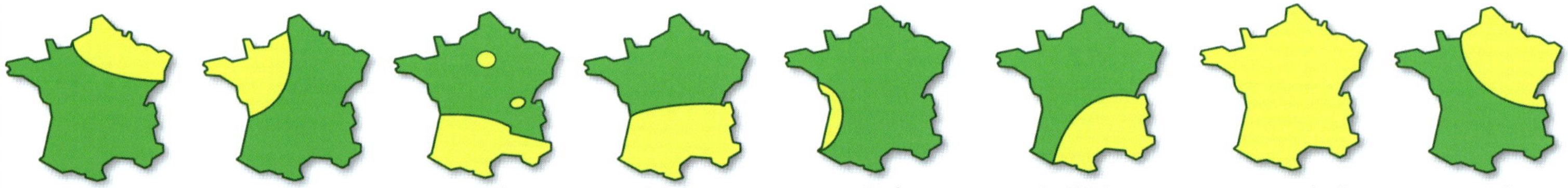

Représentation schématique de la pratique sportive en France

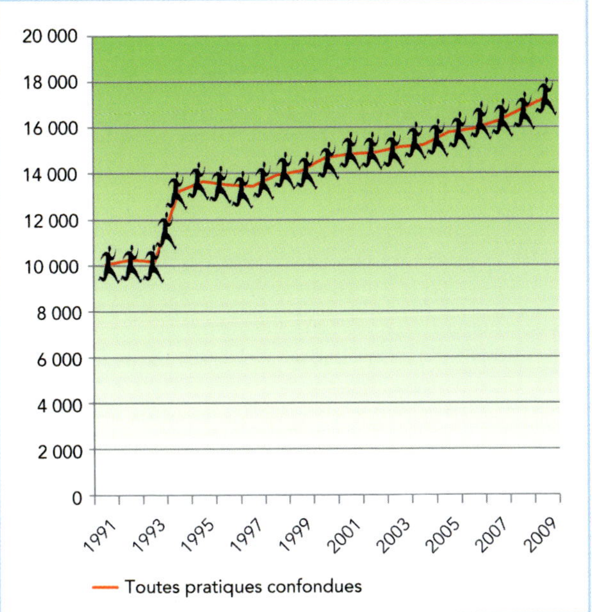

Évolution de la pratique sportive (en milliers)

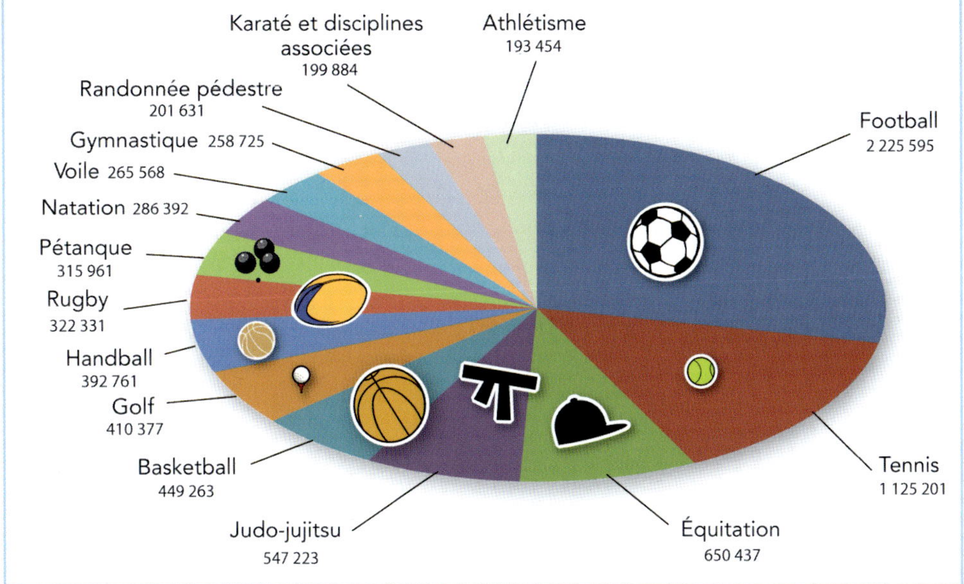

Les 15 principales fédérations françaises (nombre de licenciés en 2009, sports olympiques et non olympiques)

nisation des Jeux olympiques à Paris, en 2004, 2008, 2012 et aussi 2018, montrent un certain recul de l'influence française au sein du CIO où la compétition est devenue plus intense. La capacité d'un pays à accueillir un événement sportif de grande envergure est un facteur de rayonnement indéniable dans la mondialisation actuelle. Certains pays émergents se donnent les moyens d'orchestrer des diplomaties sportives plus efficaces, et surclassent ainsi les dossiers de candidature français (ou autres). Il s'agit d'un défi majeur pour la France, qui se doit d'adapter son image de marque sportive trop uniquement institutionnelle.

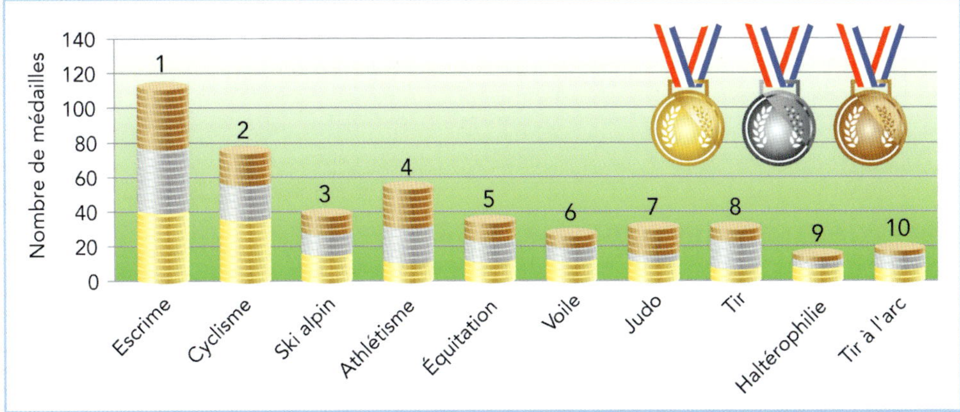

10 premières fédérations françaises les plus titrées (en médailles d'or JO été et hiver)

France romane et gothique

Forteresses Vauban
(classées au patrimoine mondial de l'Unesco)

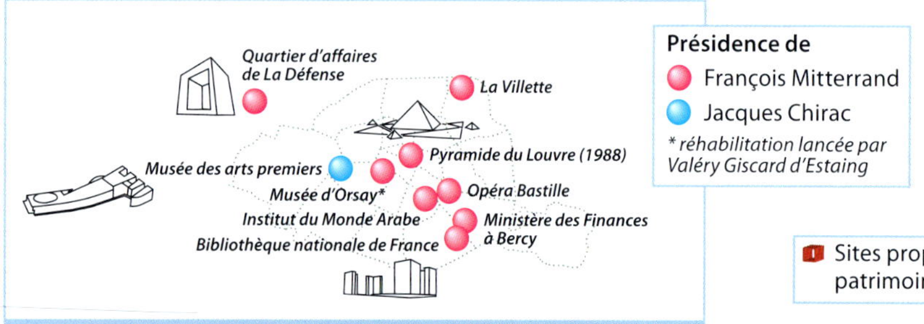

Paris et les grands travaux depuis 1981

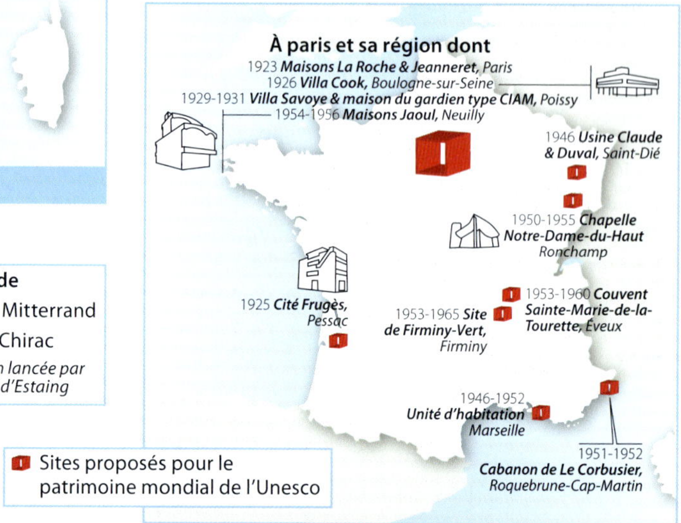

Réalisations de Le Corbusier

ARCHITECTURE

Les premiers « architectes » français (ou européens) sont pour la plupart d'anonymes constructeurs et chefs de chantiers : ce sont eux qui ont bâti les églises, les cathédrales, les monastères, les châteaux forts, les premiers palais, les ponts et les moulins, puis avec le développement des villes, les halles et les hôtels de ville, les remparts, les beffrois. Très tôt dans les villes, les échevins imposent des « permis de construire » et se soucient « d'urbanisme », avant même l'invention des mots salubrité et perspective. Le mot « architecte » ne se répand qu'au XVIe siècle sous l'influence de la Renaissance italienne. Avec la monarchie absolue s'imposent les noms de grands architectes, comme Le Vau, Mansart et Perrault, de paysagistes comme Le Nôtre, ou dans l'architecture militaire, comme le plus grand, Vauban. Versailles est imité dans toute l'Europe continentale. Le Louvre est remanié et embelli pendant des siècles tandis que les constructions rurales ou agricoles témoignent dans toutes les provinces de la qualité et de la diversité de l'architecture vernaculaire « sans architectes ». Au XIXe siècle se développe une architecture industrielle, en partie métallique, dans les usines, les gares et les immeubles, illustrée par des talents comme Gustave Eiffel. Par opposition aux âges classiques, un courant de l'architecture prône au XXe siècle (avec le Corbusier) le « fonctionnalisme ». D'autres, comme Auguste Perret, explorent les possibilités du béton, inventé en France et en Grande-Bretagne. Une autre architecture, dite « Arts déco », se développe dans les années 1930 et 1940. Le premier habitat social se développe entre les deux guerres (HBM). Une fois passée la période de la reconstruction de l'immédiat après-guerre, la France est livrée pendant une génération à la pire architecture et au pire urbanisme de son histoire : destruction des quartiers anciens, grands ensembles jugés modernes à leur époque, percement des centres anciens pour l'accès des automobiles, refus de tout effort d'invention du contemporain en quartiers anciens. Un coup d'arrêt est donné à ce vandalisme moderne pendant la présidence de Valéry Giscard d'Estaing (préservation de la gare d'Orsay, transformée en musée au XIXe siècle).

Une créativité entretenue par de grandes figures contemporaines

L'architecture contemporaine en France a connu pendant quelques décennies une embellie du fait des présidents de la République (ou des maîtres d'ouvrage public) dans de grandes réalisations, où se sont illustrés de grands architectes, souvent étrangers : de Renzo Piano et Richard Rogers à Beaubourg (sous Georges Pompidou), au musée des arts premiers de Jean Nouvel (sous Jacques Chirac), en passant par les grands travaux de François Mitterrand, le plus célèbre étant la Pyramide du Louvre (avec l'architecte sino-américain I. M. Pei).

La France compte plus d'une vingtaine de grandes agences pilotées par des architectes de renom connus dans le monde entier : Nouvel, Portzamparc, Wilmotte, Valode et Pistre, entre autres. L'exercice de cette profession reste dans son ensemble difficile. Elle intègre de plus en plus les contraintes écologiques (bâtiments à énergie positive).

La France compte aussi quelques grands talents qui se sont illustrés au XXe siècle et au XXIe siècle comme designers, ou comme décorateurs : Jacques Garcia, Alberto Pinto, Andrée Putmann (qui est aussi une architecte).

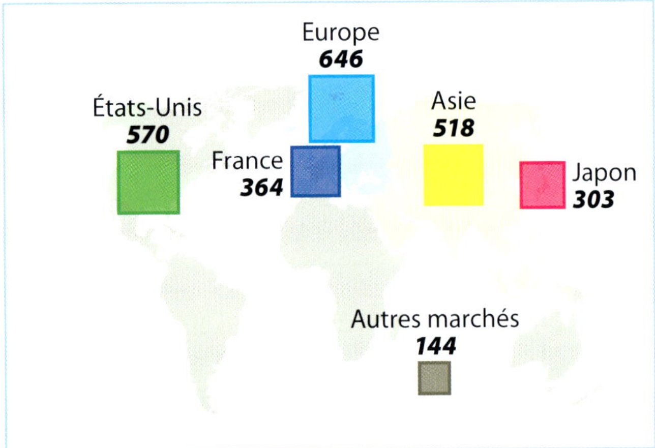

Les magasins du groupe LVMH dans le monde

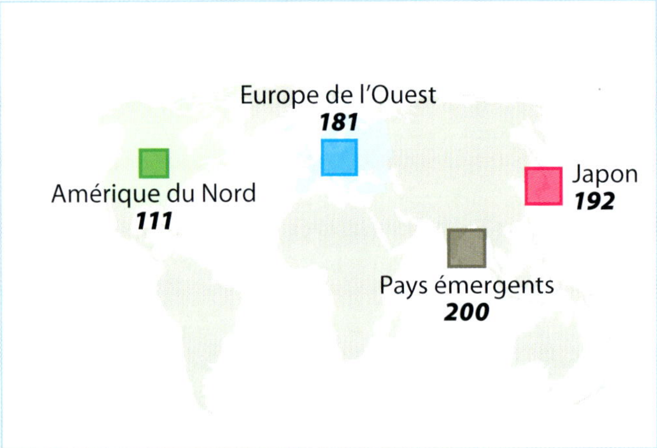

Les magasins du groupe PPR (pôle luxe) dans le monde

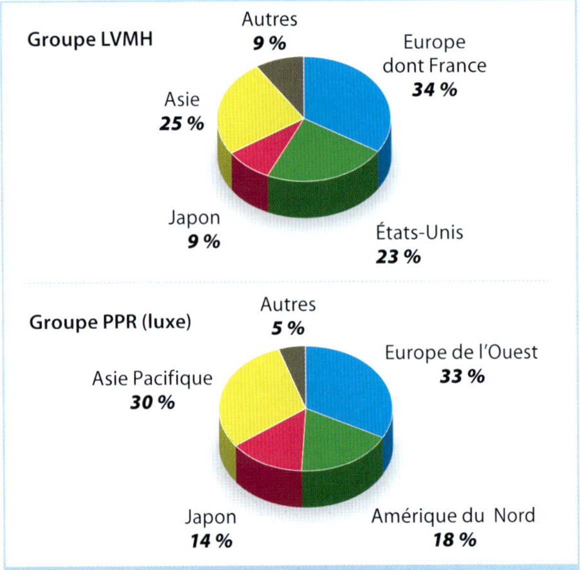

Répartition du chiffre d'affaires
des deux principaux groupes français (2010)

Un tissu régional spécialisé

L'INDUSTRIE DU LUXE

L'industrie du luxe est pour la France une source de prestige, de rayonnement, et un enjeu économique majeur.

Depuis plusieurs siècles, la France est bien placée dans ce domaine grâce au travail de générations d'artisans d'exception pour les familles royales, l'aristocratie, le haut clergé, la grande bourgeoisie, et à la création, dès le XIXe siècle, d'entreprises spécialisées. Cela a pu lui donner, dans les années 1960-1970, l'image d'un pays trop tourné vers le passé, et donc inapte à relever les défis économiques nouveaux, en retard d'une guerre dans la compétition mondiale. On redécouvre au contraire aujourd'hui que le luxe est un atout, un secteur commercial dynamique qui crée des emplois en France, et mobilisant des talents remarquables, dont la croissance est de plus en plus portée, outre l'Amérique et l'Europe, par les élites et les classes moyennes supérieures des pays émergents. La France y occupe une place de premier plan et jouit toujours d'un prestige inégalé. L'image est essentielle sur un marché mondial concurrentiel, attractif et exigeant, évalué entre 100 et 170 milliards d'euros.

Les marques françaises contrôleraient 36 % de ce marché mondial, devant les entreprises américaines (23 %) et italiennes (13 %). Le continent européen représente au total 36 % du marché mondial du luxe devant les Amériques (33 %), l'Asie (28 %) et le Moyen-Orient (3 %). Les entreprises françaises du luxe sont regroupées dans un « comité Colbert ». Ce secteur représente 170 000 emplois en France, moins sensibles que d'autres aux délocalisations, pour un chiffre d'affaires évalué à 35 milliards d'euros.

Un atout économique et une source de rayonnement majeur

La France reste réputée pour son bon goût et sa culture, sa créativité et son élégance. Haute couture (qui entraîne l'industrie du prêt-à-porter), joaillerie, maroquinerie, parfumerie, cosmétique, accessoires de mode, orfèvrerie et vaisselle véhiculent l'image d'un « art de vivre à la française ».

Quatre des quinze plus grandes marques de luxe mondial sont françaises : Louis Vuitton, Chanel, Hermès et Dior. LVMH est le premier groupe mondial du secteur (mode, champagne, parfums, cosmétique, montres et bijoux), son chiffre d'affaires est de 17 milliards d'euros, suivi de PPR (14 milliards d'euros) et du suisse Richemont.

Les grandes marques de luxe sont de véritables ambassadrices de l'art de vivre de la France à l'étranger, où elles vendent la majeure partie de leur production.

Paris reste encore considérée comme la capitale du chic et du luxe devant Milan, Londres ou New York. Mais tôt ou tard, les émergents, notamment ceux qui, à commencer par la Chine, ont aussi des traditions anciennes et un savoir-faire, essaieront de prendre pied sur ces marchés, et de créer leur propre image.

Déformation des départements en fonction du nombre moyen de touristes

mars

août

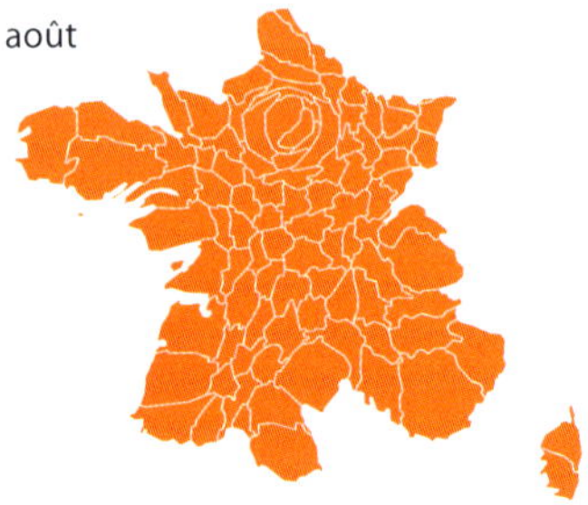

- Zones touristiques
- Tourisme balnéaire
- Littoraux moins fréquentés
- Tourisme vert et culturel
- Stations de sport d'hiver
- Principaux sites culturels et religieux
- Sites Unesco
- Principaux parcs de loisirs
- Principales stations thermales
- Parcs nationaux
- Flux touristiques

Le tourisme

LA PREMIÈRE DESTINATION TOURISTIQUE AU MONDE

Le tourisme international qui a remplacé le « voyage », longtemps réservé à une petite élite de voyageurs, est aujourd'hui devenu un phénomène de masse, avec ses aspects positifs (économiques) et négatifs (écologiques).

La France maintient sa position de première destination touristique mondiale

Son impact en termes d'image pour les pays est très important. On définit désormais un touriste comme étant « une personne en déplacement hors de son environnement habituel, pour une durée d'au moins une nuitée et au plus un an, pour des motifs non liés à une utilité rémunérée dans le lieu visité ».

Depuis une vingtaine d'années, la France est au 1er rang des destinations touristiques internationales, au 3e seulement en termes de recettes. Les revenus de ce secteur représentent 6,3 % du PIB français. De par sa position géographique, au carrefour de l'Europe, de nombreux touristes n'y passent qu'en transit ou pour de courts séjours, mais les destinations touristiques en France sont très variées.

Positif depuis 1978 dans la balance commerciale française, le « voyage » constitue depuis 1999 le premier poste excédentaire. En 2009, les dépenses à l'étranger des résidents français ont été de 27,6 milliards d'euros, contre 35,4 milliards d'euros pour les visiteurs étrangers en France, soit un solde positif de 7,8 milliards, en net recul cependant (24 %) sous l'effet de la crise financière de 2008. Par rapport aux autres secteurs économiques, le tourisme occupe la 2e position dans les échanges avec l'étranger, derrière l'automobile et devant l'agroalimentaire.

Cette domination française est cependant menacée : certaines études voient la Chine occuper, aux alentours de 2030, la première position mondiale en termes d'accueil de touristes internationaux, devant les États-Unis, reléguant la France à la 3e place.

Nombre de touristes en millions dans le monde

France	76,8
États-Unis	54,9
Espagne	52,2
Chine	50,9
Italie	43,2
Royaume-Uni	28,8
Turquie	25,5
Allemagne	24,2
Malaisie	23,6
Mexique	21,5
Total 2008	880,5
Total 2007	898

Recettes liées au tourisme en 2009 (en milliards de dollars)

États Unis	93,9
Espagne	53,2
France	49,4
Italie	40,2
Chine	39,7
Allemagne	34,7
Royaume-Uni	30,1
Australie	25,6
Turquie	21,3
Autriche	19,4

Origine des touristes

Europe	85 % → 76,5 % de l'Union européenne → 57,2 % de la zone euro
Amérique	7,1 %
Asie et Océanie	4,4 %
Afrique	2,4 %
Proche et Moyen-Orient	1,1 %

Les touristes européens représentaient en 2003 90,6 % du total des touristes étrangers.
La France pourrait recevoir plus de touristes en améliorant la qualité de son accueil, notamment des touristes non francophones, d'abord dans ses aéroports mais aussi dans les cafés, les restaurants et les hôtels, dans les musées et dans les services publics et en valorisant au-delà des séjours classiques (Paris, châteaux de la Loire, Côte d'Azur…) l'ensemble de son territoire et l'intérieur du pays.

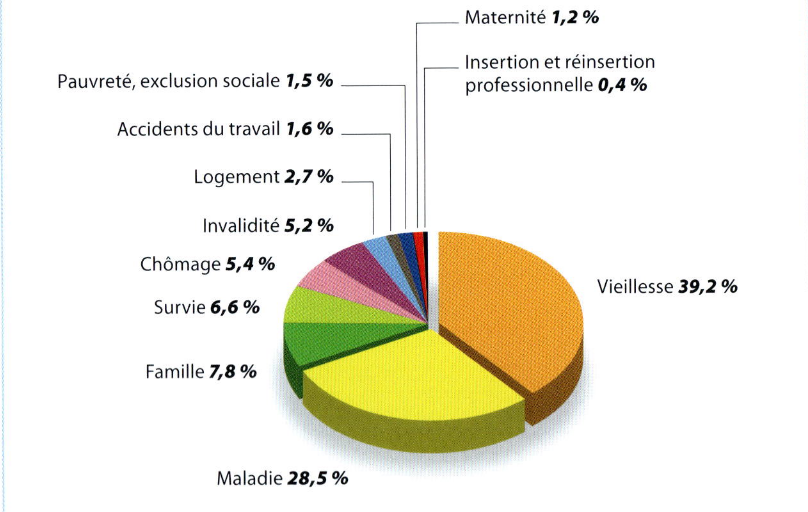

Prestations de protection sociale par risques

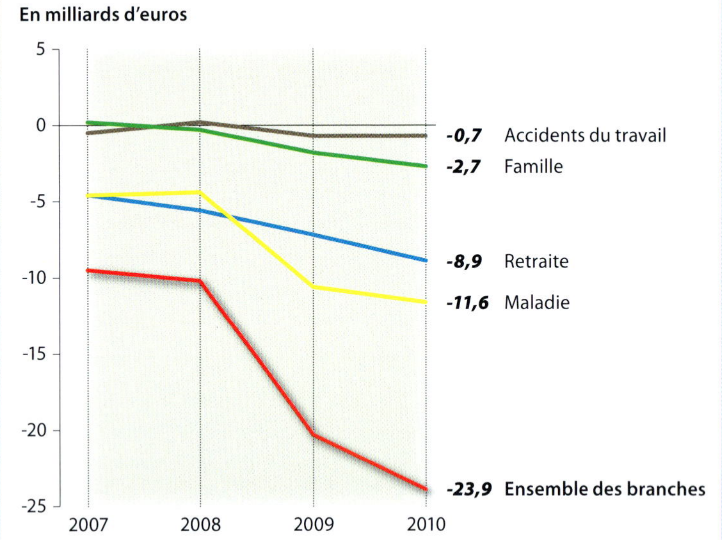

Résultat des régimes de base de la sécurité sociale

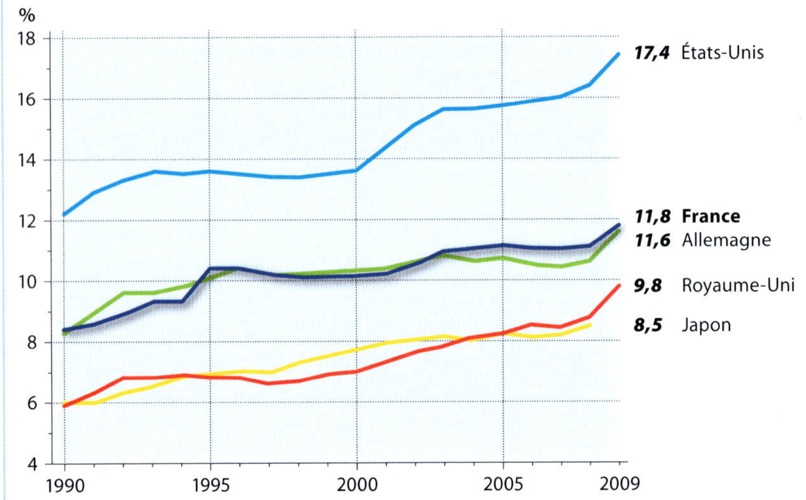

Dépenses totales de santé en % du PIB

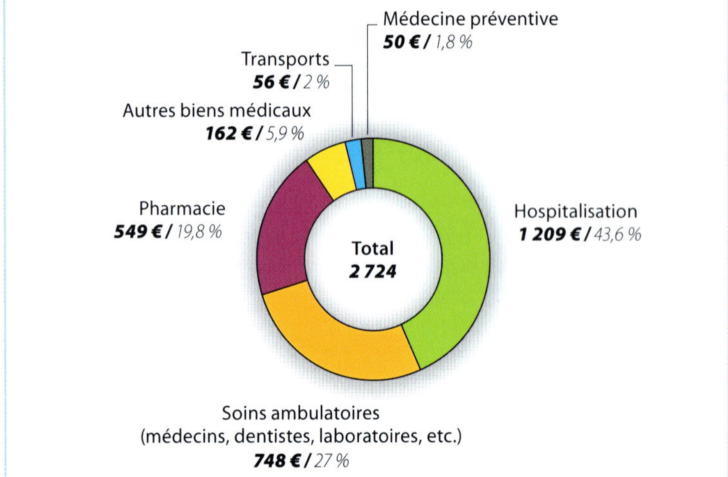

Répartition des dépenses de santé en France en 2009 en euros par habitant, en %

Santé et protection sociale

L'origine lointaine de la protection sociale en Europe remonte à l'activité caritative de certains ordres monastiques, ainsi qu'au compagnonnage médiéval entre artisans et entre ouvriers. Le plus ancien établissement hospitalier français est l'Hôtel Dieu de Paris, créé en 1165 pour recevoir, abriter et soigner les pauvres et les indigents. Le premier véritable hôpital, fondé par Henri IV en 1607, devint l'hôpital Saint-Louis. C'est le chancelier allemand Bismarck qui fut le premier à mettre en place, à partir de 1883, des caisses d'assurance contre la maladie et les accidents, et des caisses de retraites.

En France, la première loi sur les retraites ouvrières date de 1910 et les grandes lois sociales du Front populaire sont votées en 1936. Pendant la Seconde Guerre mondiale, le Conseil national de la Résistance propose un système de sécurité sociale (ordonnance du 4 octobre 1945) également inspiré de l'État-providence (*welfare state*) des travaillistes britanniques d'après-guerre.

En 2010, les Français bénéficient d'une des espérances de vie les plus élevées au monde (qui progresse chaque année) : 78,1 ans pour les hommes, 84,9 ans pour les femmes. La France a été classée en 2000 par l'OMS première au monde pour la qualité des soins médicaux.

Depuis 1999, avec la CMU (couverture maladie universelle), même les résidents étrangers en situation régulière peuvent bénéficier de la protection maladie de la sécurité sociale. La médecine est libérale, payée à l'acte. Le système hospitalier est double : à la fois public et privé. La qualité des médecins et chirurgiens français est très réputée : 12 Français ont eu le prix Nobel de médecine. De nombreuses personnalités étrangères se font soigner en France, notamment à l'hôpital militaire du Val-de-Grâce, mais le tourisme médical (60 milliards de dollars par an dans le monde) reste peu développé.

Une grande qualité de soins imposant des contreparties

Ces réussites ont des contreparties. Le budget de la sécurité sociale est très lourd, équivalent au budget de l'État, en augmentation régulière et en déficit constant. Et des points faibles : la médecine de soins est privilégiée sur la prévention des maladies.

Les Français sont les premiers consommateurs au monde de médicaments (antibiotiques, antidépresseurs). Le corps médical est vieillissant et les spécialités difficiles et exigeantes (urgences, chirurgie), comme la médecine générale, ont de plus en plus de mal à recruter. De véritables déserts médicaux apparaissent dans certaines régions et les inégalités territoriales dans l'accès aux soins sont de plus en plus grandes. La tension est permanente entre liberté des médecins et organisation, qualité et économie. La santé « n'a pas de prix », mais elle a un coût très élevé.

Un territoire à protéger et à aménager

Environnement

Montée des préoccupations environnementales

À l'instar des autres pays développés, la France n'a ressenti le besoin d'une « politique de l'environnement » qu'à partir des années 1970. Elle est pourtant l'un des premiers pays à créer, en janvier 1971, un ministère de la Protection de la Nature et de l'Environnement, chargé de coordonner les efforts des autres ministères. Mais il avait peu de moyens et peu d'autorité.

Jusque-là, ces notions n'entraient pas dans les préoccupations des responsables, ni dans celles de l'opinion, sauf sur quelques sujets isolés tenant à la nature.

Le naufrage du pétrolier *Torrey Canyon* au large des côtes bretonnes en 1967, qui avait provoqué la première grande marée noire dans cette région, a créé un choc dans la population. Auparavant, en 1960, une loi avait créé les parcs nationaux et une loi sur l'eau de 1964 établi le principe pollueur payeur au sein « d'agences de bassin ». De 1970 à 1997, la politique française en matière d'environnement a consisté en la mise en place de nombreuses réglementations et institutions spécialisées concernant les déchets, la qualité de l'air, la maîtrise de l'énergie, etc. ; institutions regroupées en 1990 au sein de l'Agence de l'environnement et de la maîtrise de l'énergie.

La France avait joué un rôle important pour l'adoption de la Convention sur l'Antarctique (1959) qui visait à la fois à protéger l'environnement et à écarter le risque de compétition nationale sur ce « continent ». Elle a été active au sommet de la Terre de Rio, en juin 1992 (ONU), qui traduisit une prise de conscience ; et moteur pour la signature du protocole de Kyoto en 1997, visant à réduire les émanations de gaz à effet de serre, à l'origine de la part humaine du changement climatique. La politique française consiste à associer lutte contre la pauvreté, promotion du développement durable et protection de l'environnement.

À partir de 1997 (des écologistes étant au gouvernement), l'administration du ministère de l'Environnement et le dispositif législatif ont été renforcés. Après 2002, l'accent a été mis plus encore sur le développement durable avec une stratégie nationale basée sur le « Grenelle de l'environnement », l'insertion d'une « Charte de l'environnement » dans le préambule de la constitution et la création d'un ministère plus puissant.

C'est à partir des années 2000, que la « protection de l'environnement » s'est imposée dans les opinions européennes comme une urgence vitale et globale. Pas tant pour « sauver la planète », mais plus grave encore, pour préserver, à terme, la vie dans la biosphère. Cela se joue sans doute sur le changement climatique et ses effets, mais aussi sur l'effondrement de la biodiversité, la pénurie d'eau potable ou de terres cultivables, l'effet des produits chimiques sur la santé publique, l'accumulation exponentielle de déchets non recyclés, la fragilité grandissante des milieux marins, etc., sous l'effet de la croissance productiviste, de l'expansion démographique, et de la montée des émergents.

Au sommet de Copenhague sur le climat, les efforts européens ne sont pas parvenus à faire accepter un compromis acceptable à l'ensemble des protagonistes, qu'il s'agisse des pays anciennement industrialisés, des pays émergents ou encore des pays pauvres. Aucune des négociations internationales sur ces sujets (surpêche, biodiversité, reforestation, suite de Kyoto, chimie « verte », correction des excès de l'agriculture productiviste) n'aboutit à des résultats satisfaisants ou suffisants. Pourtant, cette question de la nécessaire « écologisation » des sociétés et de l'économie – selon quelles modalités, à quel rythme – va prendre, malgré la crise économique en Europe, une importance grandissante, et devenir un des enjeux de la compétition multipolaire.

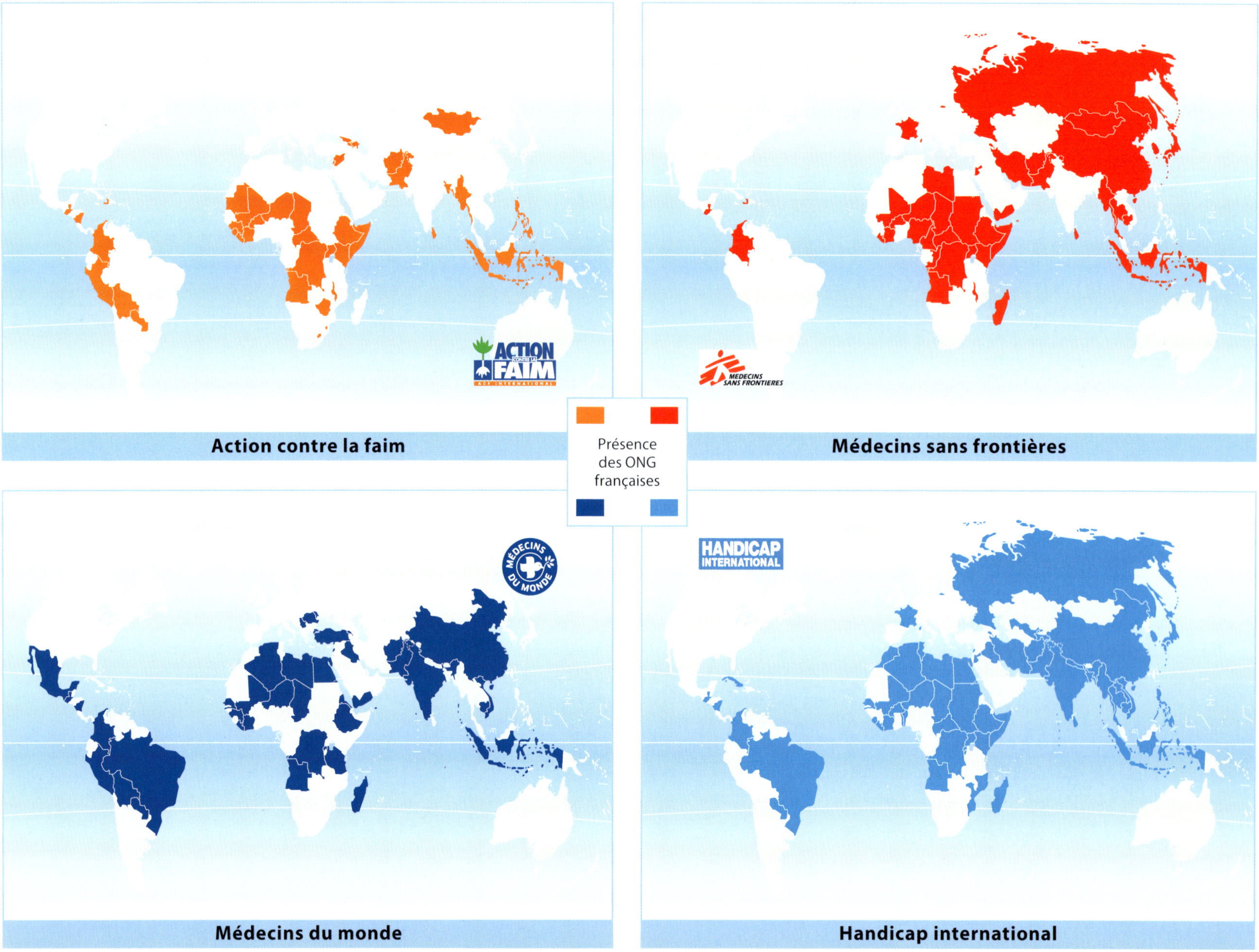
Action contre la faim
Médecins sans frontières
Présence des ONG françaises
Médecins du monde
Handicap international

ONG

Le terme « organisation non gouvernementale » (ONG) a été formulé pour la première fois en 1945 par le Conseil économique et social de l'ONU.

Dans le dernier tiers du XXe siècle, les organisations non gouvernementales se sont développées de façon considérable. Très nombreuses, les ONG françaises occupent une place de premier plan sur la scène internationale. Deux d'entre elles, Médecins sans frontières (1997) et Handicap international (1999) ont même reçu le prix Nobel de la paix. Les ONG sont issues du très riche tissu associatif, qui s'est développé en France à partir de la loi de 1901, reconnaissant la liberté d'association. En 2010, la France compte plus d'un million d'associations et plusieurs milliers d'ONG à vocation internationale. Le financement des ONG est assuré pour deux tiers par des donateurs privés, environ 2 millions de Français effectuent des dons, le reste vient des bailleurs de fonds publics, français, européens et internationaux. La Commission européenne représente à elle seule 10 % des ressources totales des ONG.

Le budget de Médecins sans frontières est de 140 millions d'euros. Celui de Handicap international est de 100, d'Action contre la faim de 76 et Médecins du monde de l'ordre de 57 millions. À elles quatre, ces organisations représentent plus du tiers du budget total des ONG françaises.

Elles interviennent dans une centaine de pays. Un tiers des actions concernent l'Afrique, la seconde zone est l'Asie puis les pays de l'Est et l'Europe continentale (avec une période soutenue pendant les guerres balkaniques), l'Amérique latine et les Caraïbes.

> *Les ONG participent au* soft power *de la France*

Les ONG sont très diverses. On distingue les ONG d'urgence, celles d'appui au développement et de solidarité internationale, celles œuvrant en faveur du commerce équitable, pour les droits de l'homme, contre la corruption, pour l'environnement. Suite à des controverses sur leur paternalisme ou leur néo-colonialisme, de nombreuses ONG interviennent dans plusieurs domaines à la fois.

Les ONG regroupées dans la Coordination SUD ont élaboré, en 1997, une charte intitulée « une éthique partagée », préconisant une démarche plus respectueuse des populations du Sud, visant à restaurer leur autonomie et la capacité de choix des populations concernées. Il s'agit également de s'interroger sur la pertinence des actions. La Coordination SUD représente les ONG françaises dans la Confédération européenne des ONG et crée des passerelles avec les plates-formes des pays du Nord ou du Sud.

Les ONG sont populaires en France où l'opinion les crédite même d'une plus grande efficacité dans la lutte contre la pauvreté et la faim que les États ou l'Union européenne !

Les ONG participent au *soft power* de la France. Loin du cliché du clivage entre États et ONG, tout en gardant leur indépendance, elles travaillent en coopération plus ou moins étroite avec les structures étatiques.

Néanmoins, après un âge d'or, les ONG françaises sont confrontées à une nécessité de professionnalisation, de transparence et de bonne gestion, et affectée par la montée en puissance d'ONG non-occidentales parfois animées par des valeurs différentes.

La mondialisation des goûts

La gastronomie

Le 16 novembre 2010, le repas gastronomique français fait son entrée au « patrimoine culturel immatériel mondial » de l'UNESCO. Cela vient illustrer et conforter le lien fait dans le monde entier entre la gastronomie – cet « art de faire bonne chère » – et la France. Un lien qui va au-delà du cliché sur les Français très attachés aux plaisirs de la table et de la réputation d'excellence de la cuisine française.

La cuisine française, simple à l'origine, réputée savoureuse dès les Gaulois, s'est raffinée au cours des siècles, marquée par une constante mise en valeur du goût des aliments fournis par un territoire agricole riche et divers, ainsi qu'une façon particulière de les associer.

C'est à la Renaissance que l'idée d'un art gastronomique français spécifique apparaît. Les rois et l'aristocratie médiévale apprécient les banquets où sont servis oiseaux et gibiers, reflet d'une période où la chasse occupe une place centrale dans la vie sociale des seigneurs.

La « grande cuisine » prend son essor à Paris et à Versailles, à l'initiative des grands chefs pour la table royale, puis s'étend au reste du pays en respectant les particularités régionales. Sous l'Ancien Régime, l'activité économique est régie par un système de corporation qui définit des spécialités pour les artisans, ce qui les empêche d'exercer dans une autre branche. L'apprentissage se fait selon un système de grades (assistant-cuisinier, chef-cuisinier). Des marchés spécialisés (les Halles) apparaissent. Au XVe et XVIe siècle, après ceux rapportés d'Orient par les croisés, la cuisine française assimile peu à peu des aliments venus du Nouveau Monde. Le mot gastronomie, assimilé à la « haute cuisine », apparaît à Paris au XVIIe siècle, sous l'impulsion du chef La Varenne qui publie en 1651 le premier livre français de cuisine *Le Cuisinier François* (Français). Au début du XIXe siècle, celui de Carême est le plus célèbre.

Un patrimoine culinaire qui s'exporte

Pendant la première moitié du XXe siècle, la cuisine française est modernisée par Auguste Escoffier qui rationalise l'organisation des cuisines avec le système des brigades et préconise d'utiliser des sauces plus légères pour mieux apprécier la saveur des aliments.

Le terme de « nouvelle cuisine » apparaît à la fin des années 1960, sous l'impulsion des journalistes Gault et Millau, pour décrire la cuisine de Bocuse et des frères Troisgros – une cuisine plus légère qui met en valeur la saveur naturelle des produits, selon un mouvement récurrent.

Au-delà de l'aspect culinaire, les trois repas traditionnels de la journée – petit-déjeuner, déjeuner, dîner – conservent une fonction sociale importante et sont au centre des réunions familiales, car le repas reste un moment de convivialité partagé.

La réputation mondiale de la cuisine française a attiré un tourisme gastronomique. Il concerne les grands restaurants « étoilés », expression inspirée par les étoiles (une, deux ou trois) du *Guide Michelin*, encore qu'il y ait plus aujourd'hui de restaurants classés trois étoiles à Tokyo qu'à Paris, mais également des circuits touristiques gourmands conçus autour des spécialités régionales. Les chefs français sont connus dans le monde entier et de jeunes chefs s'y installent constamment, contribuant au rayonnement de la France comme à l'attractivité de son territoire.

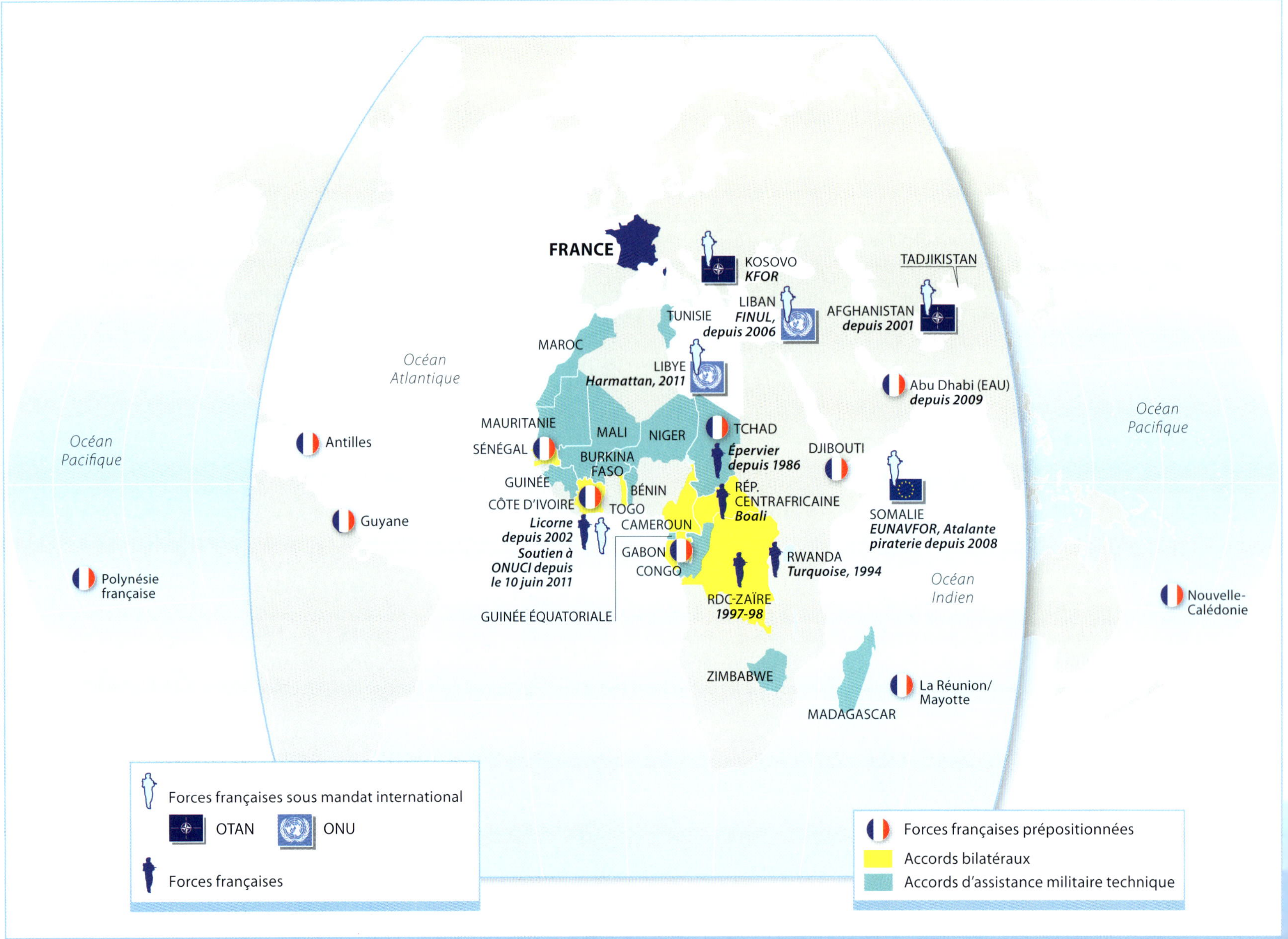

Interventions et forces militaires à l'étranger

Défense et puissance militaire

En 1940, la France, censée avoir depuis 1919 la première armée (terrestre) du monde, s'était écroulée en trois semaines. Sous la IVe République, pendant douze ans, tout en étant présente en Allemagne de l'Ouest dans le cadre de l'OTAN, l'armée a eu pour mission principale de mener des guerres coloniales, impopulaires et finalement perdues.

La fin de la guerre d'Algérie en 1962 donne au général de Gaulle l'occasion de changer en profondeur l'état d'esprit de l'armée. Il met en œuvre sa modernisation, lui redonne une fonction première de défense du territoire et des intérêts de la France et, *via* l'arme nucléaire, de dissuasion et de protection face aux menaces vitales. Dès lors, l'armée devient un outil au service de la diplomatie de la Ve République, capable d'agir de façon coordonnée avec les pays de l'OTAN, malgré le départ de la France des organes militaires intégrés en 1966, mais aussi, de façon autonome, sur des théâtres extérieurs, notamment africains. Parallèlement, l'industrie de défense est développée pour que la France puisse s'équiper de matériel français.

Le marché national étant trop étroit pour amortir les coûts, la France doit devenir exportatrice de matériel militaire. En 2010, l'industrie de défense représente 165 000 emplois directs et un chiffre d'affaires de 15 milliards d'euros. La conscription qui, depuis la Révolution, jouait, au-delà de sa fonction militaire, un rôle politique et social extrêmement fort, est abandonnée en 1996. La fin de la guerre froide ne justifie plus l'entretien de grands bataillons statiques et les menaces nouvelles nécessitent au contraire une armée professionnelle plus mobile, capable de se projeter au loin. Pour ce qui est des missions extérieures, l'armée française est considérée comme l'une des plus performantes au monde. En Europe, elle est, avec l'armée britannique, la seule à être réellement projetable. Ce n'est pas un hasard si un très important accord de coopération bilatérale en matière de défense a été conclu entre la France et la Grande-Bretagne en 2010.

L'armée reste une des composantes de la puissance française

En 2011, le budget militaire de la France est de l'ordre de 33 milliards d'euros. C'est le 5e budget du monde après ceux des États-Unis, du Royaume-Uni, de la Chine et du Japon. L'armée de terre compte 112 000 hommes (et 640 chars), l'armée de l'air 59 000 (260 avions de combat), la marine 45 000 (un porte-avions, 6 sous-marins non porteurs d'arme nucléaire et 11 destroyers). Outre les forces présentes dans les départements d'outre-mer, l'armée française participe en 2011 à une dizaine d'opérations extérieures, sous mandat international.

S'il est moins prédominant qu'autre fois, le critère militaire reste un élément déterminant de la puissance. Rares sont les pays qui ont de telles capacités d'action donnant une réelle crédibilité à leurs postures diplomatiques.

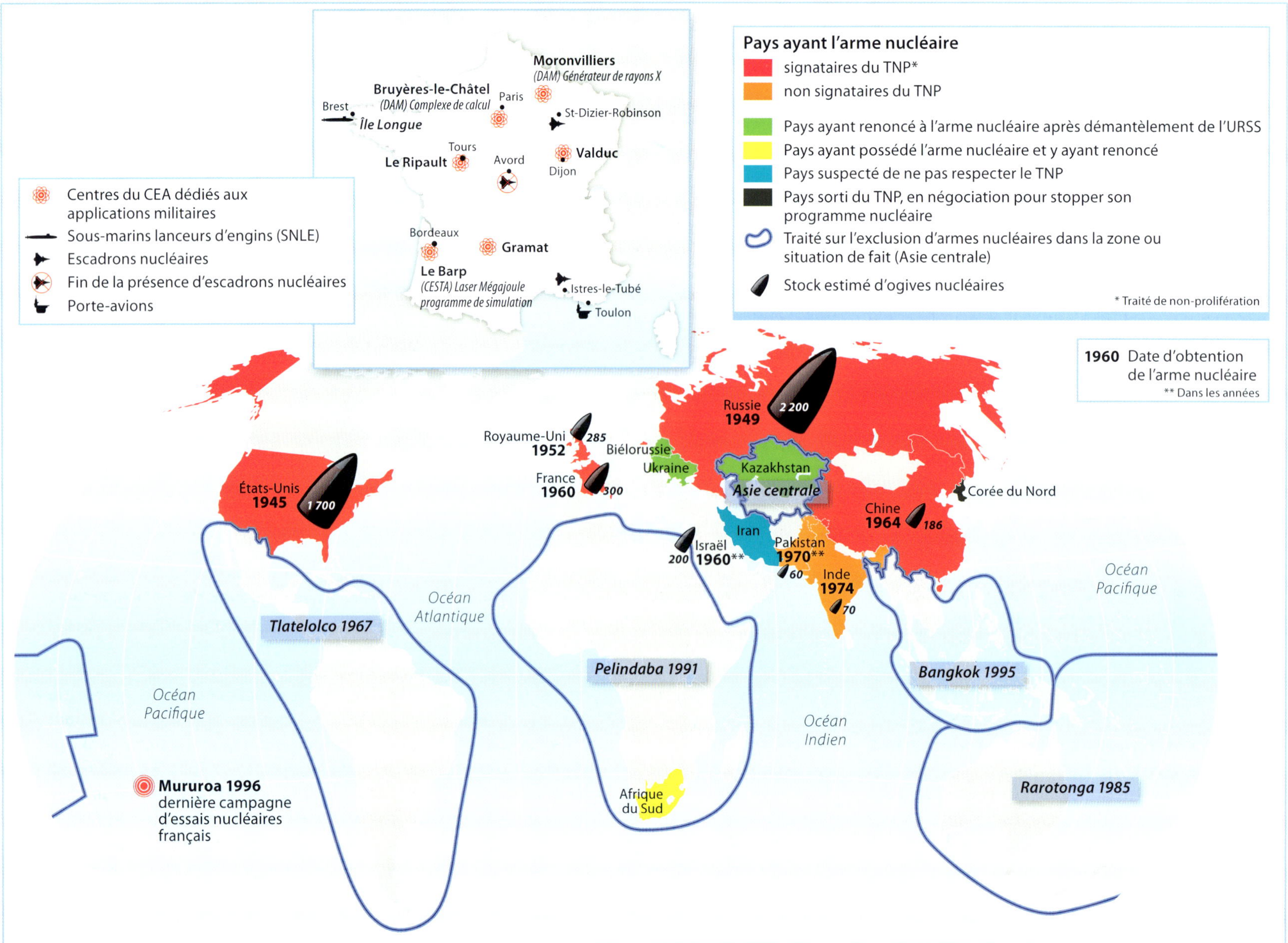

La prolifération nucléaire en 2011

Nucléaire militaire

Les travaux sur l'arme nucléaire ont débuté sous la IVe République. Mais le premier essai nucléaire a lieu en 1960, après le retour au pouvoir du général de Gaulle. Depuis, la force de dissuasion est étroitement liée à la Ve République, et à sa politique étrangère, définie dans ses grandes lignes à cette époque. Elle a été initialement critiquée par les pacifistes, les antinucléaires et par ceux qui ont comme priorité l'Alliance atlantique et le respect du *leadership* américain. Elle n'a jamais empêché la France d'être aux côtés des États-Unis lors des graves crises Est-Ouest (Berlin, Cuba, euromissiles). Mais elle lui a permis de développer une diplomatie indépendante de Washington quand il le fallait, contrairement aux autres pays de l'Alliance atlantique.

En effet, grâce à sa force nucléaire, la France ne dépend pas que des États-Unis pour sa sécurité et elle a pu agir sans être tétanisée par la peur de l'Union soviétique. Le nucléaire libérant de « la loi du nombre », grâce à son pouvoir « égalisateur », la France n'a pas eu besoin de développer un arsenal aussi puissant que celui de l'URSS (ce qu'elle n'aurait pas pu faire de toute façon) pour dissuader cette dernière. S'étant doté de missiles terrestres (Albion, jusque dans les années 2000) et surtout de missiles tirés de sous-marins lance-engins (SNLE), elle a prôné la dissuasion « au plus bas niveau possible ». La simple possibilité qu'une arme nucléaire française puisse atteindre Moscou créait une relation de dissuasion et donc une protection.

La possession par la France d'un arsenal nucléaire bénéficie progressivement d'un consensus politique de plus en plus large (ralliement du PS avant 1981) jusque dans les années 2000. Dans le concept français, les armes nucléaires ne sont pas faites pour gagner les guerres mais pour les empêcher. C'est pourquoi la France avait refusé, avec de Gaulle en 1967, le concept américain de « riposte graduée » qui impliquait de faire des armes nucléaires de possibles armes de champ de bataille en Europe. Les États-Unis, après avoir essayé de décourager la France de se doter d'un arsenal nucléaire, se sont résignés à l'accepter et en ont reconnu, en 1974, la valeur ajoutée. La force nucléaire française a valorisé le poids de la France sur la scène internationale. Les essais nucléaires (aériens au début, souterrains ensuite) dans le Pacifique ont néanmoins suscité l'opposition des pays de la région, même extrêmement éloignés de Mururoa. François Mitterrand avait compris que, si la France voulait garder son arsenal dissuasif, il fallait en parallèle qu'elle fasse des gestes en faveur du désarmement. C'est pour cela qu'il avait jugé possible en 1992, à la demande de Pierre Bérégovoy, vu le niveau de perfectionnement des armes françaises, de mettre fin aux essais nucléaires français. Leur reprise par Jacques Chirac, en 1995, a suscité de vives protestations – non exemptes d'arrière-pensées – de part le monde, qui l'ont contraint à les arrêter. La dissuasion nucléaire n'a plus le même rôle stratégique central qu'au temps de la guerre froide et le souci de non-prolifération est devenu très fort. Mais cela ne recoupe pas le clivage pays développés/pays émergents. Sur les huit pays nucléaires, cinq sont officiels : États-Unis, Russie, Grande-Bretagne, France, Chine et trois officieux : Israël, Inde, Pakistan, qui n'ont pas signé le TNP. Il faut ajouter la Corée du Nord qui a dénoncé ce traité et l'Iran suspecté de vouloir se doter de l'arme nucléaire. Aucun d'entre eux n'a l'intention d'abandonner l'arme nucléaire mais les États-Unis et la Russie, qui détiennent à eux deux les trois quarts de l'arsenal actuel, ont décidé en 2010 de relancer, par un traité – START III – la réduction de leurs armements nucléaires.

> *Le nucléaire a permis à la France de développer une politique étrangère indépendante*

La France et la politique d'influence, le *soft power*

Dès qu'elle a été constituée en nation (XIVe, XVe siècle), la France a exercé une influence particulière en Europe, inséparable de sa puissance démographique et militaire, politiquement évidente à partir de Richelieu, mais qui s'est aussi exprimée sur tous les autres plans. C'est alors que le français est devenu la langue de communication des monarchies et aristocraties d'Europe, des diplomates (et donc des traités), et des écrivains. L'architecture (Versailles), la décoration, les arts, la gastronomie des Bourbons et de la monarchie absolue, ont rayonné dans toute l'Europe.

Voltaire puis les rédacteurs de l'*Encyclopédie*, Diderot par exemple, comme Rousseau ont répandu les idées « des Lumières ». La Révolution française (Déclaration des droits de l'homme et du citoyen), comme Napoléon (Code civil) eurent le même effet.

Au XIXe siècle, le prestige des grands écrivains français est « universel ». La colonisation française répand sa langue, son éducation et son mode de vie sur plusieurs continents.

La Commune de 1871, comme la Révolution de 1789, sont célébrées au XXe siècle dans les pays communistes. De grandes figures de savants (Curie, Pasteur), de politiques (Clemenceau, De Gaulle, Mitterrand), de juristes (René Cassin) ou d'explorateurs (Paul-Émile Victor) contribuent, au XIXe et XXe siècle, au prestige de la France.

À partir du XXe siècle et de la Libération, et plus encore après la décolonisation, la France est concurrencée culturellement par d'autres influences, essentiellement celle des États-Unis. Elle essaie donc de conserver *autrement* l'influence héritée de la puissance, de son prestige, ou de son empire colonial. Déjà avant, complétant des initiatives privées prises à la fin du XIXe siècle (Alliance française, Mission laïque), elle a créé des services administratifs au sein du ministère des Affaires étrangères (1920, Service des Œuvres) pour gérer des établissements d'enseignement (tâches assurées auparavant par des missions), des centres culturels, attribuer des bourses, créer des radios (RFI), plus récemment, des télévisions (2006, France 24). Des sommets de la francophonie existent depuis les années 1980. Les grands établissements français d'enseignement supérieur développent leurs programmes de coopération internationale. La diplomatie française s'emploie constamment à renforcer ces vecteurs d'influence, mais aussi le cinéma, la musique, les artistes, les festivals, ou à en tirer parti.

> *La France essaie de conserver autrement l'influence héritée de la puissance*

Dans la compétition mondialisée, la France essaie de garder le plus d'influence possible, celle-ci étant en partie spontanée, en partie organisée (ce qui pose la question des structures, des moyens, des personnes, du budget), en partie publique (l'État, les collectivités locales), en partie privée (les grandes entreprises, les grandes marques), en partie liée à des personnalités (artistes, sportifs, écrivains, chefs cuisiniers).

Dans la compétition globale, toutes les puissances, mondiales ou régionales, utilisent avec plus ou moins de bonheur, l'arme du *soft power*. Mais leur rayonnement varie du tout au tout, et le « *soft* » *power* est fragile sans « *hard* » *power*. Le 1er janvier 2011 la France s'est dotée d'un « Institut français » qui a pris la suite de l'association « Cultures France » qui succédait à l'AFAA (Agence française d'action artistique).

Le réseau diplomatique et consulaire français

C'est François Ier qui nomma, en 1535, le premier ambassadeur officiel permanent de l'histoire, envoyé à Istanbul pour développer les relations avec l'Empire ottoman. Aujourd'hui, un ambassadeur est nommé par le président de la République. Il est le premier représentant de la France dans son « pays de résidence ». Le consul, quant à lui, est chargé de la protection des ressortissants français ; il n'a normalement pas de rôle politique.

En 2011, le réseau diplomatique et consulaire français se place au 1er rang des réseaux mondiaux, avec 278 représentations, devant le Royaume-Uni, 270 ; les États-Unis, 261 et la Chine 243. Il se compose de 160 ambassades, 17 représentations permanentes, 4 délégations auprès d'organismes internationaux, 97 postes consulaires et 154 services de coopération et d'action culturelle. Le ministère des Affaires étrangères et européennes emploie 16 000 personnes dont les deux tiers sont en poste à l'étranger. Le budget action extérieur de l'État pour 2011 s'élève, hors aide au développement, à 2,9 milliards d'euros.

Le réseau culturel est composé de 161 services de coopération et d'action culturelle, 16 services pour la science et la technologie, 109 centres et instituts culturels, 459 alliances françaises, 5 centres franco-nationaux et 27 instituts français de recherche à l'étranger. À l'ère de la globalisation et du *soft power*, le rayonnement culturel et linguistique reste un enjeu stratégique majeur. Ce réseau joue un rôle important dans la défense et la promotion de la francophonie, à côté des 253 établissements scolaires français répartis dans le monde. Au cours des six dernières années, ce réseau culturel a subi une diminution de 10 % de ses effectifs tandis que les crédits de la coopération culturelle ont également été fortement réduits. Au même moment, l'Allemagne et l'Espagne ont augmenté leur budget d'action culturelle à l'étranger et continué d'ouvrir des instituts Goethe ou Cervantès, tout comme la Chine qui multiplie les instituts Confucius. Sous les deux mandats de Lula, le Brésil a ouvert 70 postes diplomatiques et consulaires.

> *Faute d'investissement, le rayonnement français risque de décliner*

De façon paradoxale, à une époque où la capacité de négociation, et les notions de diplomatie, d'influence et de *soft power* sont considérées comme des formes indispensables de rayonnement d'un pays, la France, dont c'était l'un des points forts, réduit son effort, alors que d'autres pays, eux aussi soumis à des contraintes budgétaires, ont choisi de l'accentuer. Les sommes en jeu sont pourtant faibles : le budget du ministère des Affaires étrangères dans son ensemble atteint à peine 1 % du budget de l'État et le budget total des centres culturels français à l'étranger est par exemple égal au coût annuel du seul opéra Garnier.

Par ailleurs, depuis le traité de Lisbonne, l'Union européenne a entrepris de se doter, pour ses propres actions, d'un Service européen d'action extérieure, SEAE, auquel les différents États membres fourniront des diplomates.

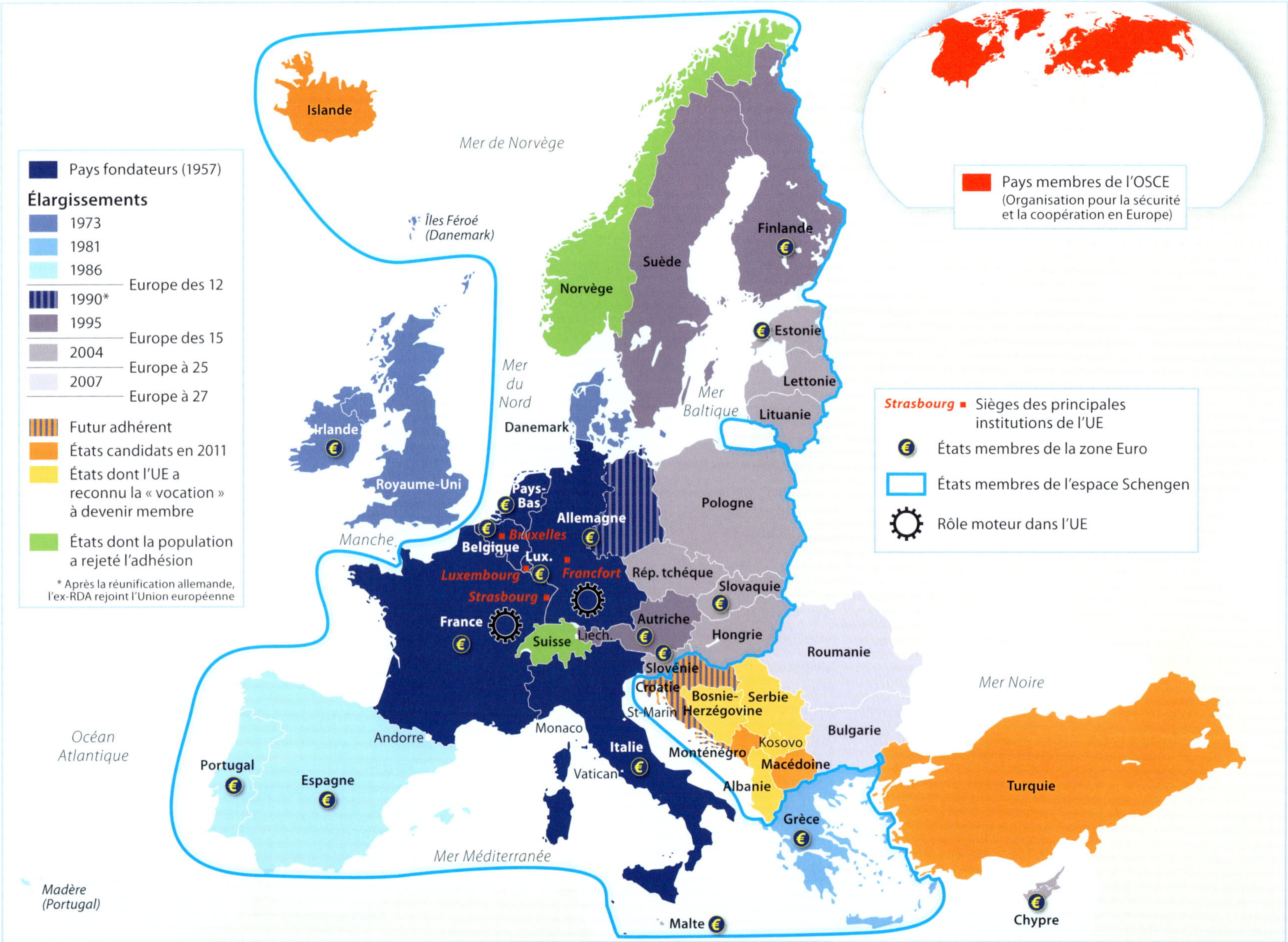

L'engagement européen

L'ENGAGEMENT EUROPÉEN

Historiquement, une fois que la nation française s'est constituée et que la monarchie a été forte, l'Europe a été pour elle un champ de rivalités, ou de conquêtes. La France a été en guerre, à un moment ou à un autre, seule ou en coalition, comme la plupart des autres nations européennes, avec presque toutes les autres. Elle n'a clairement dominé qu'à partir de Richelieu (avec son apogée sous Louis XIV), puis brièvement moins de quinze ans sous Napoléon et le Premier Empire. La notion d'Europe était alors une référence géographique, culturelle, civilisationnelle et non politique.

Au début du XXe siècle, la France a été happée comme les autres puissances, à commencer par l'Allemagne, par les grandes guerres européennes puis mondiales, dans un engrenage d'autodestruction, amenant les États-Unis, qu'ils l'aient voulu ou non, à devenir la 1re puissance mondiale.

Après la Seconde Guerre mondiale et sous le parapluie américain (Alliance atlantique, OTAN), la France a vu dans la construction européenne un moyen de reconstituer son influence, surtout après la perte des colonies. Cette période s'étend de la signature du traité de la CECA (1950) jusqu'au référendum de Maastricht (1992). La construction européenne est présentée comme un rempart pour la paix (pourtant déjà assurée par l'Alliance atlantique et, par ailleurs, non menacée). Il convient de « faire l'Europe sans défaire la France » et admettre que si « La France est notre patrie, l'Europe est notre avenir » selon les propos de François Mitterrand. Pour l'Allemagne, du moins jusqu'à la réunification de 1990, l'enjeu est différent : il s'agit de sa « rédemption » (Brzezinski). Dans les années 1980-1990, les Français se mettent à rêver d'Europe puissance, d'Europe de la défense, d'Europe sociale. Depuis, c'est le temps du doute.

Réinventer le rôle de la France dans l' Union européenne

La construction européenne se poursuit sur sa lancée : traités d'Amsterdam, de Nice, de Lisbonne (équivalent du Traité Constitutionnel rejeté en 2005 par référendum par les Néerlandais et les Français). L'élargissement continue à 15, 25, 27. Des négociations sont encore en cours avec cinq autres pays (plus quatre autres possibles). Pourtant, le fossé se creuse entre les élites européistes et l'opinion, sceptique ou désabusée, voire carrément hostile pour une petite frange. L'abstention aux élections pour le Parlement européen est d'ailleurs de plus en plus forte. Parallèlement, la crise financière a imposé une gouvernance plus harmonisée et plus contraignante de la zone euro, et la même chose devrait s'imposer pour la gestion des accords de Schengen. L'Allemagne refuse désormais d'aller plus loin dans l'intégration (comme l'a réaffirmé l'arrêt de la cour de Karlsruhe). Ce n'est plus le temps de la *construction européenne mais du fonctionnement,* même si la crise dans la zone euro entraîne une résurgence d'appels à une Europe fédérale. Les Européens ne conçoivent pas vraiment l'Europe comme un acteur stratégique, et les Français, comme les autres, sont devenus euro-utilitaristes : ils voudraient que « ça marche » et que l'Europe défende leurs intérêts dans la mondialisation.

3

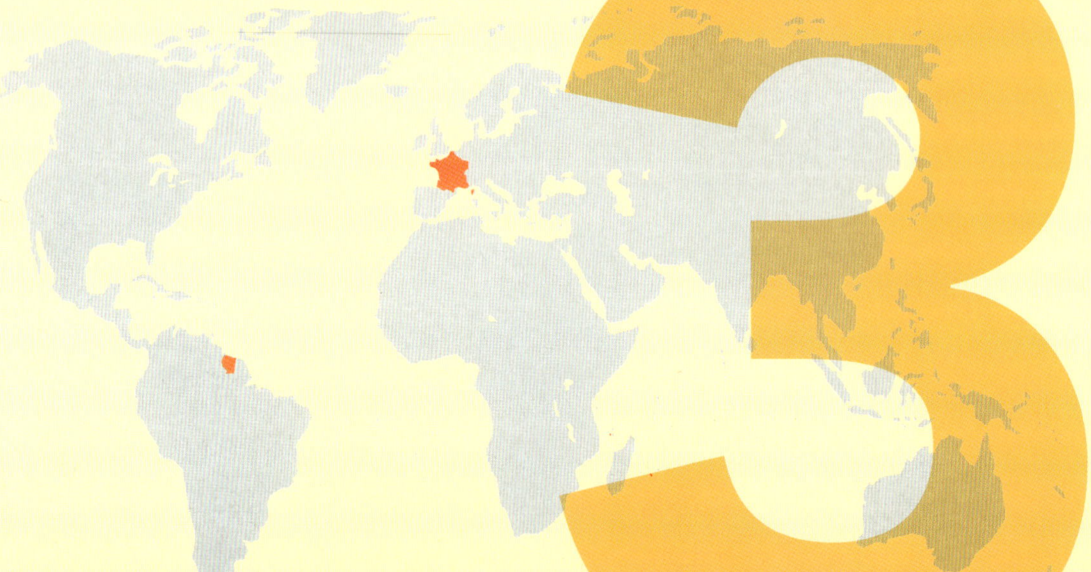

La France dans la mondialisation

Alliée mais non alignée des États-Unis pendant la guerre froide, moteur de l'Union européenne, la France a toujours développé une diplomatie originale, souvent marquée par le poids de l'histoire. Dans un monde globalisé, caractérisé par l'essor des émergents, certaines relations bilatérales comptent moins qu'auparavant. D'autres se renforcent, des coopérations se mettent en place qui témoignent de nouvelles capacités d'initiative.

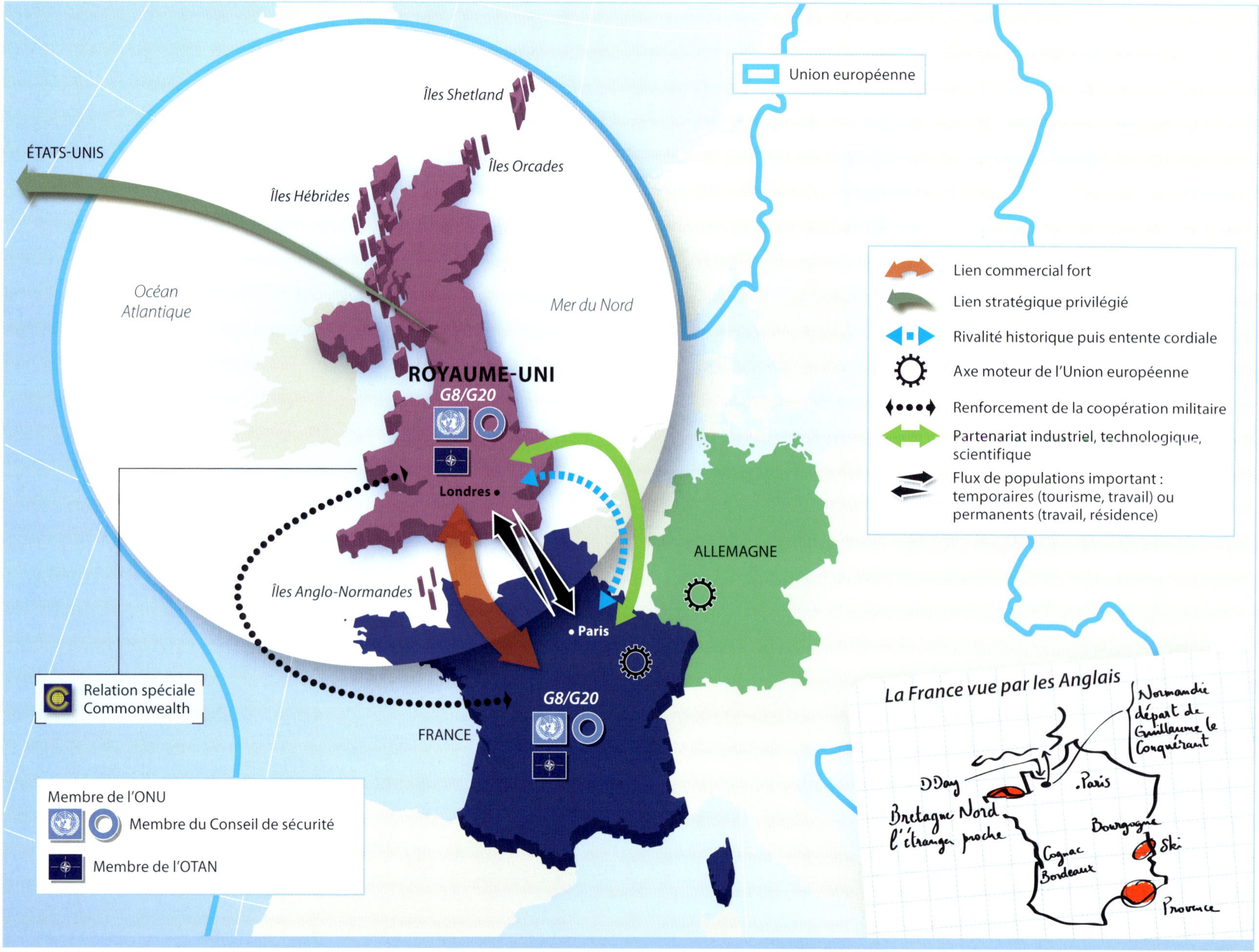

Union européenne
Îles Shetland
Îles Orcades
Îles Hébrides
ÉTATS-UNIS
Océan Atlantique
Mer du Nord
ROYAUME-UNI
G8/G20
Londres
Îles Anglo-Normandes
Paris
ALLEMAGNE
FRANCE
G8/G20
Lien commercial fort
Lien stratégique privilégié
Rivalité historique puis entente cordiale
Axe moteur de l'Union européenne
Renforcement de la coopération militaire
Partenariat industriel, technologique, scientifique
Flux de populations important : temporaires (tourisme, travail) ou permanents (travail, résidence)
Relation spéciale Commonwealth
Membre de l'ONU
Membre du Conseil de sécurité
Membre de l'OTAN
La France vue par les Anglais
Normandie départ de Guillaume le Conquérant
D Day
Paris
Bretagne Nord l'étranger proche
Bourgogne
Ski
Cognac
Bordeaux
Provence

LA FRANCE ET…

LE ROYAUME-UNI

Ennemis devenus héréditaires à partir du XIVe siècle, alliés depuis l'Entente cordiale au début du XXe siècle, la France et le Royaume-Uni ont néanmoins, du fait de l'histoire, des relations compliquées.

De la guerre de Cent Ans aux affrontements, en dehors du territoire européen, pendant la période coloniale, débouchant sur la perte des possessions en Inde et au Canada par la France en 1760, et des futurs États-Unis par Londres en 1783, jusqu'à Waterloo et la chute de l'empire de Napoléon en 1815, les relations franco-britanniques ont été celles de deux puissances rivales. Les appétits de la puissance continentale se sont heurtés au souci d'équilibre européen de l'empire insulaire. Cela s'est poursuivi, au XIXe siècle qui voit la Grande-Bretagne supplanter la France comme 1re puissance mondiale et leur compétition s'étendre à l'Afrique (Fachoda). Il faut, au début du XXe siècle, la menace des ambitions allemandes montantes pour conduire Londres et Paris à une « Entente cordiale ». Au cours de la Première Guerre mondiale, les deux pays sont alliés, mais en 1940, le régime de Vichy est anti-anglais, tandis que de Gaulle est à Londres. En 1945, Churchill joue un rôle déterminant pour que la France soit considérée parmi les vainqueurs de la guerre et obtienne un siège de membre permanent au Conseil de sécurité de l'ONU. Il estime que Londres doit pouvoir s'appuyer sur une puissance continentale pour résister aux appétits soviétiques car il doute (à tort) de la pérennité de l'engagement américain.

Plus tard, en 1956, la France et la Grande-Bretagne tirent des leçons diamétralement opposées de l'échec de l'intervention conjointe à Suez. Londres en conclut qu'il ne faut plus rien entreprendre sans le soutien des États-Unis, Paris (dès avant de Gaulle) qu'il ne faut plus dépendre de l'appui américain. La volonté d'une politique plus indépendante à l'égard des États-Unis, dans laquelle il veut entraîner l'Europe, va amener le général de Gaulle à s'opposer à l'entrée du Royaume-Uni, considéré comme un cheval de Troie de Washington, dans la Communauté économique européenne. Celle-ci n'aura lieu qu'en 1973, sous la présidence de Georges Pompidou. Mais Londres et Paris continuent d'avoir une vision différente de l'Europe (embryon d'une puissance globale pour la France, vaste marché pour Londres) et de la nature des relations avec les États-Unis.

L' Europe et les États-Unis : thèmes fréquents des discordes franco-britanniques

Souvent, Paris supporte mal le *leadership* parfois envahissant de Washington, jugé comme une entrave à sa propre souveraineté. Londres en espère, grâce à sa proximité culturelle et à sa « relation spéciale », la préservation de sa propre puissance. Paris veut voir dans une « défense européenne » une contribution globale au renforcement des capacités du monde occidental. Pour Londres, il y a là un risque de division transatlantique, à proscrire à tout prix. La période récente est marquée par une oscillation de leurs relations : convergentes dans la guerre du Kosovo en 1999, mais diamétralement opposées lors de la guerre d'Irak de 2003.

La réintégration de la France dans l'OTAN en 2008 et la mésentente relative entre Paris et Berlin en 2007-2010 favorisent un nouveau rapprochement entre Paris et Londres. En 2010, les deux pays ont d'ailleurs conclu un important accord de coopération en matière de défense, y compris nucléaire. En 2011, ils ont obtenu ensemble du Conseil de sécurité le vote d'une résolution (1973) pour l'instauration, en Libye, d'une zone d'exclusion aérienne et de protection des civils.

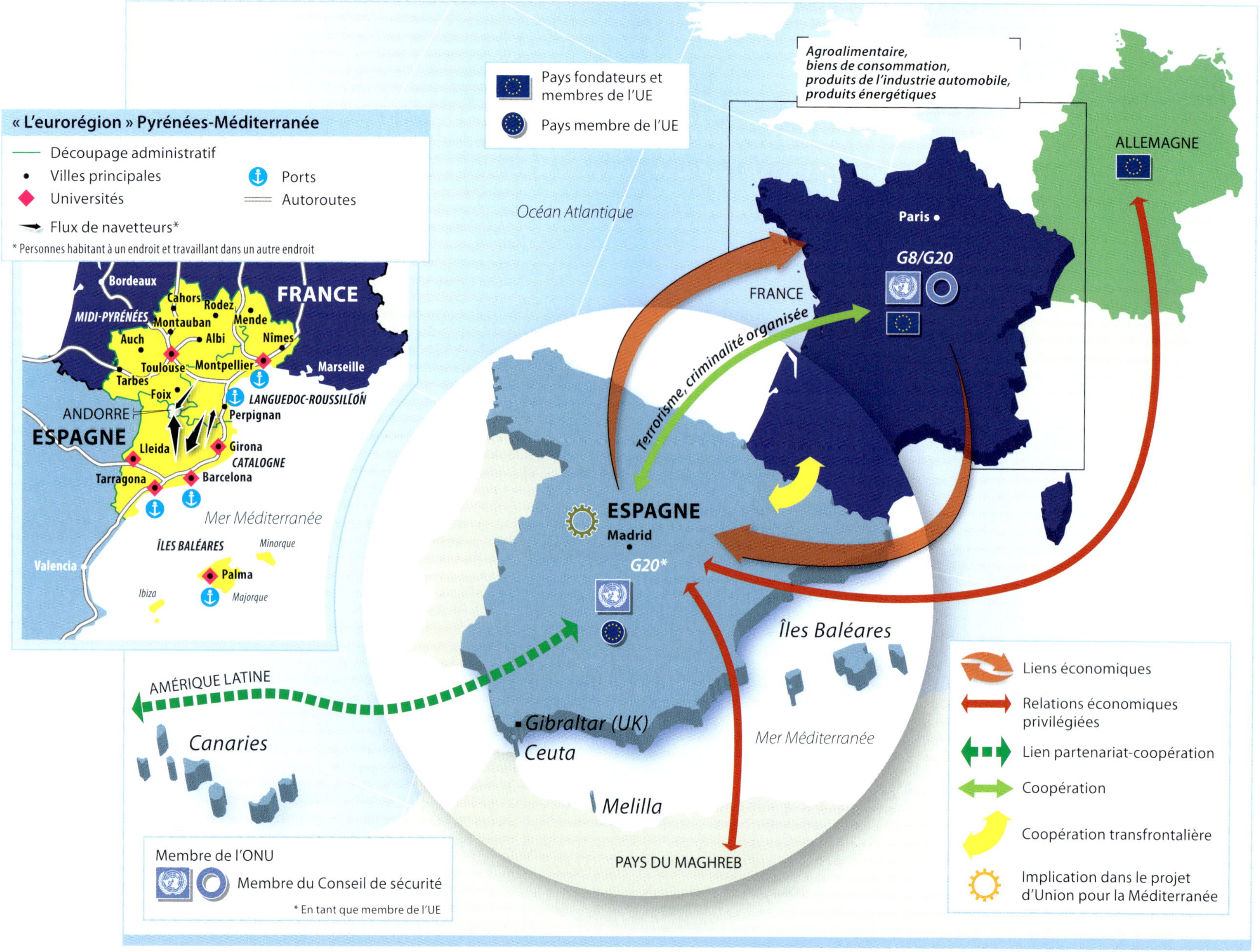

« L'eurorégion » Pyrénées-Méditerranée
Découpage administratif
Villes principales
Ports
Universités
Autoroutes
Flux de navetteurs*
* Personnes habitant à un endroit et travaillant dans un autre endroit
Bordeaux
FRANCE
Cahors
Rodez
MIDI-PYRÉNÉES
Montauban
Mende
Auch
Albi
Nîmes
Toulouse
Montpellier
Marseille
Tarbes
Foix
LANGUEDOC-ROUSSILLON
ANDORRE
Perpignan
ESPAGNE
Lleida
Girona
CATALOGNE
Tarragona
Barcelona
Mer Méditerranée
ÎLES BALÉARES
Minorque
Valencia
Palma
Ibiza
Majorque
Pays fondateurs et membres de l'UE
Pays membre de l'UE
Agroalimentaire,
biens de consommation,
produits de l'industrie automobile,
produits énergétiques
ALLEMAGNE
Océan Atlantique
Paris
G8/G20
FRANCE
Terrorisme, criminalité organisée
ESPAGNE
Madrid
G20*
Îles Baléares
AMÉRIQUE LATINE
Canaries
Gibraltar (UK)
Ceuta
Mer Méditerranée
Melilla
PAYS DU MAGHREB
Membre de l'ONU
Membre du Conseil de sécurité
* En tant que membre de l'UE
Liens économiques
Relations économiques privilégiées
Lien partenariat-coopération
Coopération
Coopération transfrontalière
Implication dans le projet d'Union pour la Méditerranée

LA FRANCE ET…

L'ESPAGNE

Les conflits qui ont opposé la France et l'Espagne ont longtemps été des guerres entre souverains, comme entre François Ier et Charles Quint, et qui ne concernaient que marginalement les populations.

Les choses changent lorsque Napoléon décide, en 1808, d'occuper l'Espagne, et d'y placer son frère comme roi. Les troupes françaises font face à une résistance populaire, une « guérilla » à laquelle elles ne sont ni préparées ni habituées. Elles réagissent par une répression féroce – illustrée par le tableau de Goya *El Tres de Mayo* – qui va marquer durablement la mémoire espagnole. En Espagne, la France ne sera jamais considérée comme la « patrie des droits de l'homme » mais au contraire comme un pays dont l'armée a cruellement réprimé l'insurrection populaire.

Au cours du XIXe siècle et jusqu'au début du XXe, l'Espagne s'isole et se replie sur elle-même. La guerre civile espagnole qui oppose, de 1936 à 1939, le gouvernement légal républicain et ses partisans, aux franquistes dirigés par le général Franco, remet douloureusement l'Espagne au premier plan de l'actualité de l'entre-deux-guerres. Invoquant le principe de « non-intervention », le gouvernement français du Front populaire renonce à défendre le gouvernement espagnol républicain de gauche. Cela permet à l'Italie fasciste et à l'Allemagne nazie de se préparer militairement à la guerre. Les réfugiés républicains qui fuient en France sont alors parqués dans des camps, puis rapidement confrontés au régime de Vichy qui contrôle la zone dite « libre ».

Au lendemain de la guerre, pendant laquelle l'Espagne est restée neutre, le général Franco parvient à faire reconnaître, par les Américains, son utilité dans leur alliance militaire contre l'URSS, mais les pays européens la tiennent en quarantaine. L'opinion française est particulièrement hostile à son régime, ce qui n'empêche pas de nombreux Français de venir profiter du soleil estival et des bas tarifs espagnols. Partis de gauche, associations de défense des droits de l'homme et Français d'origine espagnole continuent à condamner le régime franquiste.

Des relations transfrontalières fortes

En 1975, Franco meurt après avoir désigné Juan Carlos de Bourbon comme successeur des rois d'Espagne. Le jeune monarque accède au trône et conforte son pouvoir en déjouant un coup d'État soutenu par certains militaires. La voie de la démocratisation de l'Espagne s'ouvre enfin. De nouvelles relations bilatérales se mettent en place entre la France et l'Espagne, dont les nouvelles autorités reprochent aux Français un manque de coopération dans la lutte contre l'organisation terroriste basque ETA. Une attitude justifiable selon eux sous le régime franquiste, mais inadmissible dès lors que l'Espagne est redevenue démocratique. En outre, dès cette époque, des différends entre pêcheurs ou producteurs de fruits et légumes réveillent périodiquement les querelles et la flamme du souvenir des guerres napoléoniennes.

En 1986, surmontant ses réticences initiales liées aux répercussions possibles sur son agriculture, la France aide l'Espagne et le Portugal à devenir membre de l'Union européenne. Les deux pays intensifient leur coopération policière qui leur permet de porter des coups de plus en plus durs à l'ETA.

La France et les gouvernements espagnols de gauche ont une approche globalement convergente à propos de la Méditerranée. La nécessité de conserver une certaine marge de manœuvre pour les pays européens face aux États-Unis et d'affirmer une politique européenne plus ambitieuse rapproche sur certains sujets Madrid et Paris. En revanche, les deux pays s'opposent frontalement lors de la guerre en Irak en 2003, avant de retrouver à partir de 2009 des relations plus sereines.

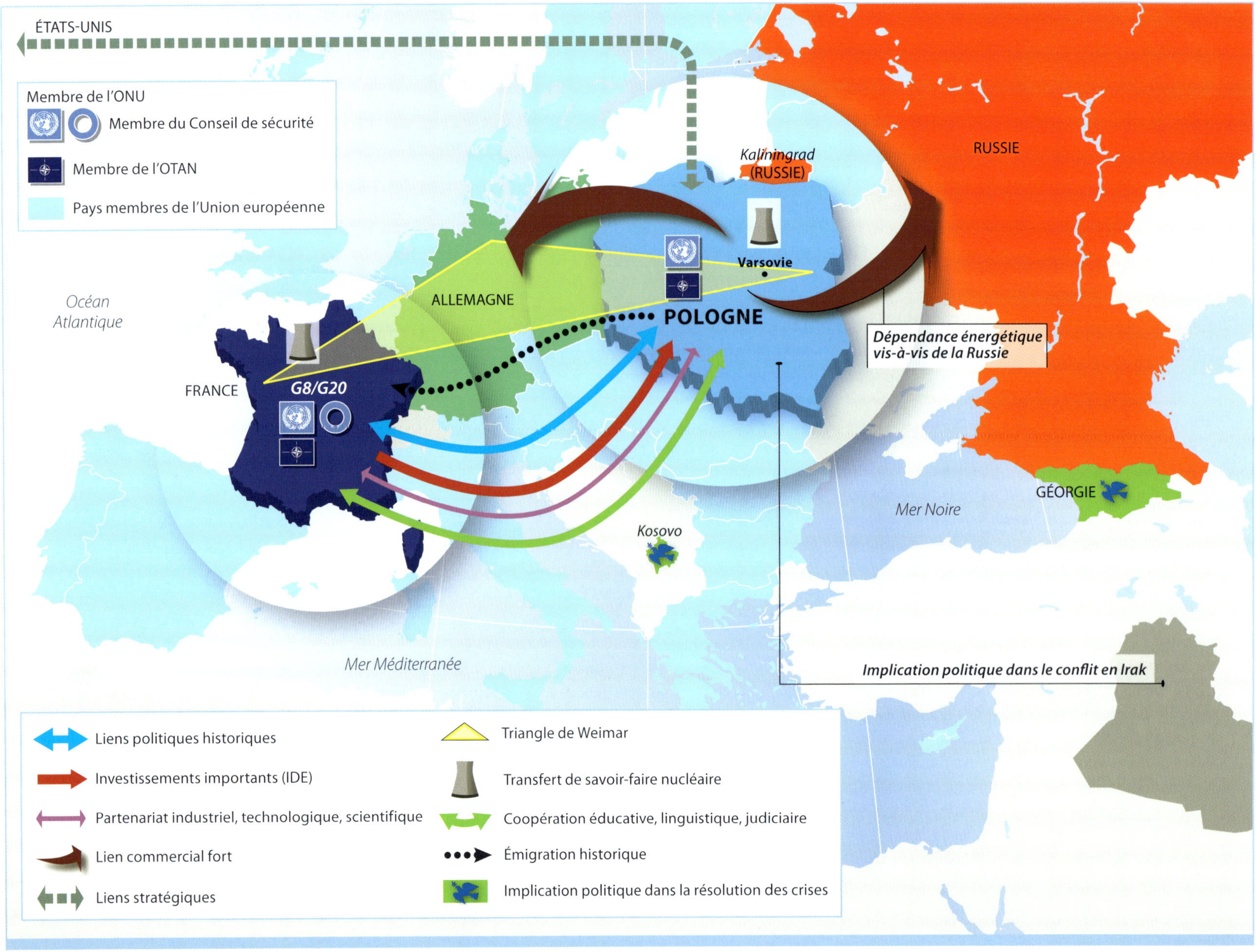

ÉTATS-UNIS
Membre de l'ONU
Membre du Conseil de sécurité
Membre de l'OTAN
Pays membres de l'Union européenne
Kaliningrad (RUSSIE)
RUSSIE
Varsovie
POLOGNE
ALLEMAGNE
Océan Atlantique
FRANCE
G8/G20
Dépendance énergétique vis-à-vis de la Russie
GÉORGIE
Mer Noire
Kosovo
Mer Méditerranée
Implication politique dans le conflit en Irak
Liens politiques historiques
Investissements importants (IDE)
Partenariat industriel, technologique, scientifique
Lien commercial fort
Liens stratégiques
Triangle de Weimar
Transfert de savoir-faire nucléaire
Coopération éducative, linguistique, judiciaire
Émigration historique
Implication politique dans la résolution des crises

LA FRANCE ET…

LA POLOGNE

Les intenses relations franco-polonaises sont le fruit d'une longue histoire. En 1573 Henri, duc d'Anjou et futur Henri III, est élu roi de Pologne. De 1573 à 1775, malgré une forte sympathie de « l'opinion », la France se révèle incapable d'aider concrètement la Pologne et d'empêcher les différents partages de 1772, 1793 et 1795, ou encore de soutenir les insurrections de 1830 et de 1863. Néanmoins, les contacts, les influences intellectuelles et artistiques réciproques n'ont jamais cessé.

La cause polonaise est populaire en France. La création du duché de Varsovie par Napoléon, en 1807, est cependant plus un élément de son projet impérial, que la reconnaissance du fait national polonais. Après la répression de l'insurrection de 1830, de nombreux intellectuels et artistes polonais émigrent en France ou choisissent d'y rester, à l'image de Chopin, car la France est vue comme un bastion de la liberté en Europe. Au XXe siècle, la France aide la Pologne dans sa guerre contre la Russie entre 1919 et 1921. En 1939, c'est après l'invasion de la Pologne qu'elle déclare la guerre à l'Allemagne. En 1980-1981, la France est l'un des pays occidentaux les plus solidaires du mouvement Solidarność qui défie le régime communiste.

Néanmoins, après la chute de l'URSS, la Pologne va être d'abord attirée par les États-Unis et par l'OTAN, considérés comme les vainqueurs de la guerre froide, et le meilleur rempart contre une Russie vécue comme toujours menaçante. Curieusement, la Pologne tient rigueur à la France des quatorze années qui lui ont été nécessaires pour entrer dans l'Union européenne, délai pourtant comparable à celui qu'ont connu tous les nouveaux membres, et indispensable compte tenu de l'état de l'économie de ces pays et la difficulté de la reprise des exigeants « acquis communautaires ». De son côté, la France regrette dans ces années le peu d'entrain de la Pologne pour une Europe qui s'affirmerait comme puissance « à la française », et la juge trop atlantiste.

Les deux pays doivent réinventer leurs relations au sein de l' Union européenne

La guerre de George Bush junior en Irak en 2003, soutenue par la Pologne, mais condamnée par la France et l'Allemagne, aggrave ces divergences. Jusqu'en 2008, les dirigeants polonais sont accusés de vouloir entraver la poursuite de la construction européenne. Par la suite, les relations s'améliorent grâce à la relance du dialogue de haut niveau entre la Pologne, l'Allemagne et la France (dit « triangle de Weimar »), à la volonté des nouvelles autorités polonaises de jouer plus clairement la carte européenne, à une évolution plus européenne sur les questions stratégiques, sans oublier le million de Français d'origine polonaise. La France est d'ailleurs le plus grand investisseur direct étranger en Pologne et les deux pays ont intérêt au maintien de la politique agricole commune européenne.

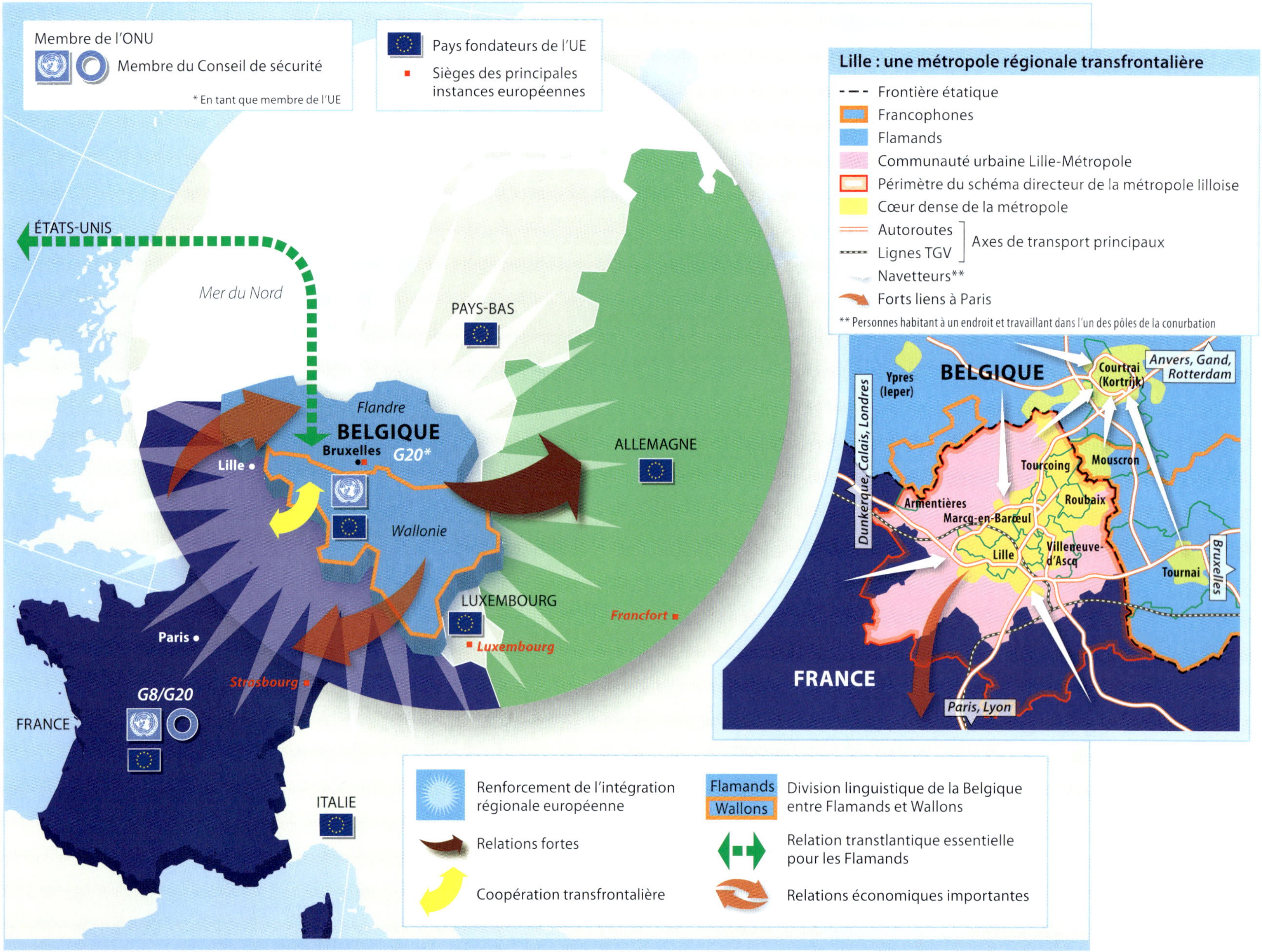
Membre de l'ONU
Membre du Conseil de sécurité
* En tant que membre de l'UE
Pays fondateurs de l'UE
Sièges des principales instances européennes
ÉTATS-UNIS
Mer du Nord
PAYS-BAS
Flandre
BELGIQUE
Bruxelles
G20*
Lille
Wallonie
ALLEMAGNE
LUXEMBOURG
Luxembourg
Francfort
Paris
Strasbourg
G8/G20
FRANCE
ITALIE
Renforcement de l'intégration régionale européenne
Relations fortes
Coopération transfrontalière
Flamands
Wallons
Division linguistique de la Belgique entre Flamands et Wallons
Relation transtlantique essentielle pour les Flamands
Relations économiques importantes
Lille : une métropole régionale transfrontalière
Frontière étatique
Francophones
Flamands
Communauté urbaine Lille-Métropole
Périmètre du schéma directeur de la métropole lilloise
Cœur dense de la métropole
Autoroutes
Lignes TGV
Axes de transport principaux
Navetteurs**
Forts liens à Paris
** Personnes habitant à un endroit et travaillant dans l'un des pôles de la conurbation
BELGIQUE
Ypres (Ieper)
Courtrai (Kortrijk)
Anvers, Gand, Rotterdam
Dunkerque, Calais, Londres
Tourcoing
Mouscron
Roubaix
Armentières
Marcq-en-Barœul
Lille
Villeneuve-d'Ascq
Tournai
Bruxelles
FRANCE
Paris, Lyon

LA FRANCE ET…

LA BELGIQUE

Le territoire de la future Belgique est annexé par la France en 1794 à la Hollande dans le « Royaume des Pays-Bas ». La Belgique proclame son indépendance en 1831, après une insurrection. Elle est reconnue, sur la base de sa neutralité, par « les cinq puissances ». Entre la Wallonie au sud et la Flandre au nord, son unité demeure fragile. Le français, langue des élites et de l'aristocratie, est imposé comme seule langue officielle. Ce sera un des enjeux du mouvement flamand : exiger l'égalité entre les deux langues et lutter contre l'influence française, jugée dominatrice. Cette bataille linguistique reflète la différence entre une Wallonie à tendance latine, liée à la France, et une Flandre d'influence germanique, liée aux Pays-Bas – différence qui va subsister et se creuser tout au long du XXe siècle. Les deux guerres mondiales, vécues comme un conflit opposant l'Allemagne germanique et la France latine, cristallisent les ressentiments entre les deux communautés. En 1963, c'est la séparation des deux régions en communautés linguistiques distinctes. Très longtemps, la Wallonie industrielle a été plus prospère que la Flandre. Cette tendance s'est inversée depuis la crise économique de 1973-1974 et la désindustrialisation qui a touché la Wallonie. Désormais, c'est la Flandre qui est la plus riche, ce qui renforce ses aspirations sécessionnistes. Les Flamands voient les Francophones comme d'anciens dominateurs qui ont voulu imposer à la Belgique leur langue, ainsi que leur organisation politique et administrative. Les Wallons ressentent une grande proximité culturelle avec les Français, dont ils suivent de très près la vie politique.

Le rapport à la France cristallise deux visions antagonistes du monde entre Flamands et Wallons

La France est vue par eux comme une alliée potentielle pour résister aux tentatives de domination flamande. Certains, qui prônent le rattachement de la Wallonie à la France, lui reprochent même de n'être pas assez active. En ce sens, les Wallons, qui souhaiteraient une plus grande autonomie vis-à-vis des États-Unis, se sentent plus en phase avec la politique étrangère classique de la Ve République. Tandis que les Flamands sont plus atlantistes et voient, entre autres, dans l'influence américaine une protection contre les appétits français. Les Wallons sont favorables au concept d'Europe puissance, les Flamands plus à l'aise avec l'idée d'une Europe marché.

Le rapport à la France est donc central dans la vision du monde, radicalement divergente, des deux communautés. Wallons et Flamands ne cessent, au début du XXIe siècle, de s'éloigner les uns des autres, le roi des Belges devenant, crise gouvernementale après crise gouvernementale, le seul et unique symbole de l'unité du pays.

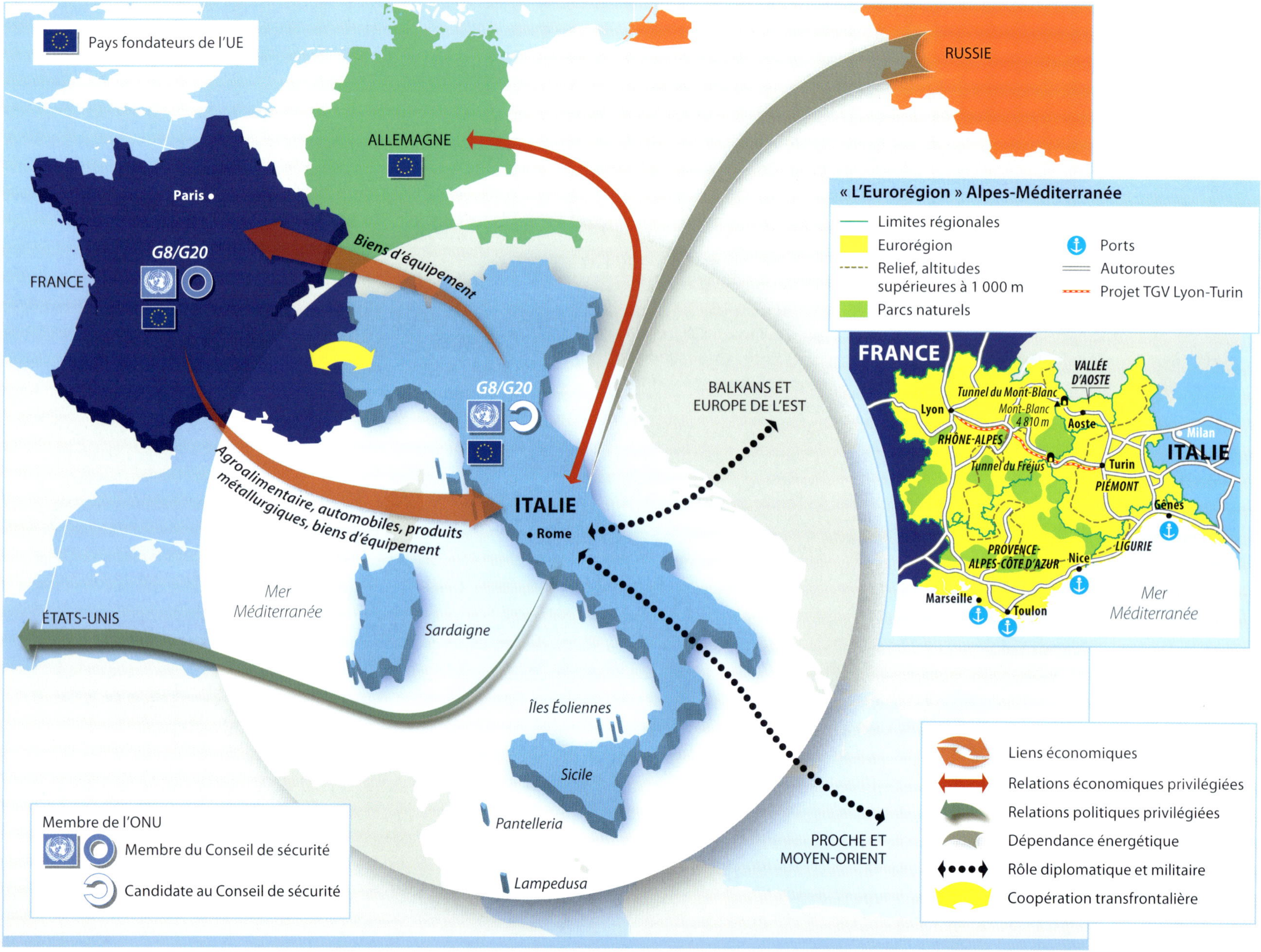
Pays fondateurs de l'UE
RUSSIE
ALLEMAGNE
Paris
FRANCE
G8/G20
Biens d'équipement
G8/G20
BALKANS ET
EUROPE DE L'EST
ITALIE
Rome
Agroalimentaire, automobiles, produits
métallurgiques, biens d'équipement
Mer
Méditerranée
Sardaigne
ÉTATS-UNIS
Îles Éoliennes
Sicile
Pantelleria
Lampedusa
PROCHE ET
MOYEN-ORIENT
Membre de l'ONU
Membre du Conseil de sécurité
Candidate au Conseil de sécurité
« L'Eurorégion » Alpes-Méditerranée
Limites régionales
Eurorégion
Relief, altitudes
supérieures à 1 000 m
Parcs naturels
Ports
Autoroutes
Projet TGV Lyon-Turin
FRANCE
VALLÉE
D'AOSTE
Tunnel du Mont-Blanc
Lyon
Mont-Blanc
4 810 m
Aoste
Milan
RHÔNE-ALPES
ITALIE
Tunnel du Fréjus
Turin
PIÉMONT
Gênes
LIGURIE
PROVENCE-
ALPES-CÔTE D'AZUR
Nice
Marseille
Toulon
Mer
Méditerranée
Liens économiques
Relations économiques privilégiées
Relations politiques privilégiées
Dépendance énergétique
Rôle diplomatique et militaire
Coopération transfrontalière

LA FRANCE ET…

L'ITALIE

Avant la réalisation de l'unité italienne, en 1861, les relations entre la France et les États italiens ont été marquées par un jeu d'ambitions et d'influences réciproques : ambition des Valois sur la péninsule, influence de la Renaissance italienne en France, des philosophes et des républicains français sur les Italiens, conquêtes napoléoniennes… Puis vint la seconde moitié du XIXe siècle et le soutien français au *Risorgimento*. En 1858, à Plombières, Cavour et le royaume de Sardaigne obtiennent l'engagement militaire de Napoléon III contre l'occupant autrichien. Après la victoire de Magenta (juin 1859), les Franco-Piémontais, libèrent la Lombardie. Paris reçoit la Savoie et le comté de Nice, dont la population se prononce par référendum pour le rattachement à la France. Mais l'alliance franco-italienne bute sur les contradictions diplomatiques du Second Empire, car pour complaire au parti catholique français, Napoléon III défend, en 1867, le pouvoir temporel du pape au détriment de l'État italien naissant.

Les relations entre la IIIe République et le jeune royaume d'Italie sont marquées par de fortes tensions commerciales (loi Meline) et coloniales (en Tunisie) qui poussent l'Italie à adhérer en 1882 à la Triple Alliance avec l'Allemagne et l'Autriche. De 1876 à 1914, 1,6 million d'Italiens émigrent vers la France en quête de travail, ce qui suscite des réactions xénophobes parfois sanglantes (massacres d'ouvriers italiens à Aigues-Mortes en 1893 par exemple). Jusqu'à la fin des années 1960, les Italiens constitueront la première communauté étrangère en France.

L'Italie s'estime lésée par le traité de Versailles, signé à l'issue de la Première Guerre mondiale à laquelle elle participe dès 1915. Le pays sombre alors dans un désordre profond qui ouvre la voie au fascisme. Les politiques de sanctions après la guerre d'Éthiopie détachent l'Italie de l'alliance franco-anglaise et la jettent dans les bras de l'Allemagne nazie. L'Italie entre en guerre, cette fois-ci aux côtés de l'Allemagne, le 10 juin 1940, et envahira une partie du sud-est de la France.

Des relations économiques durables mais des rapports diplomatiques en baisse

Après la proclamation de la République le 2 juin 1946, la France et l'Italie se retrouvent sur une même ligne atlantiste et européenne. Au début des années 1950, Schuman et De Gasperi, tous deux démocrates-chrétiens, travaillent ensemble à la construction de l'Europe des Six. C'est à Rome qu'est signé, en 1957, le Traité qui donne vie au Marché commun.

L'arrivée au pouvoir du général de Gaulle, en 1958, crée entre les deux pays un fossé politique et psychologique durable. Puissance nucléaire et membre permanent du Conseil de sécurité, la France regarde l'Italie comme un partenaire de second rang. Dans la période des années 1960 et 1970, la seule initiative symbolique d'envergure est constituée par le creusement du tunnel du Mont-Blanc, ouvert en 1965. Au cours de ces années, l'Italie s'affirme toutefois comme un partenaire économique de premier plan pour la France.

Une remise à niveau des relations a lieu après 1981. Le président Mitterrand institue la pratique d'un sommet bilatéral annuel. Au sommet de Milan en 1985, il relance avec Bettino Craxi la dynamique européenne.

Depuis 1995, si les échanges commerciaux restent dynamiques et l'intérêt des investisseurs français soutenu, les rapports diplomatiques se sont affadis. Le faible crédit international de Berlusconi, le moindre engagement européen du pouvoir français ont réduit les occasions d'initiative sur le principal terrain d'action commun, celui de la construction de l'Union européenne.

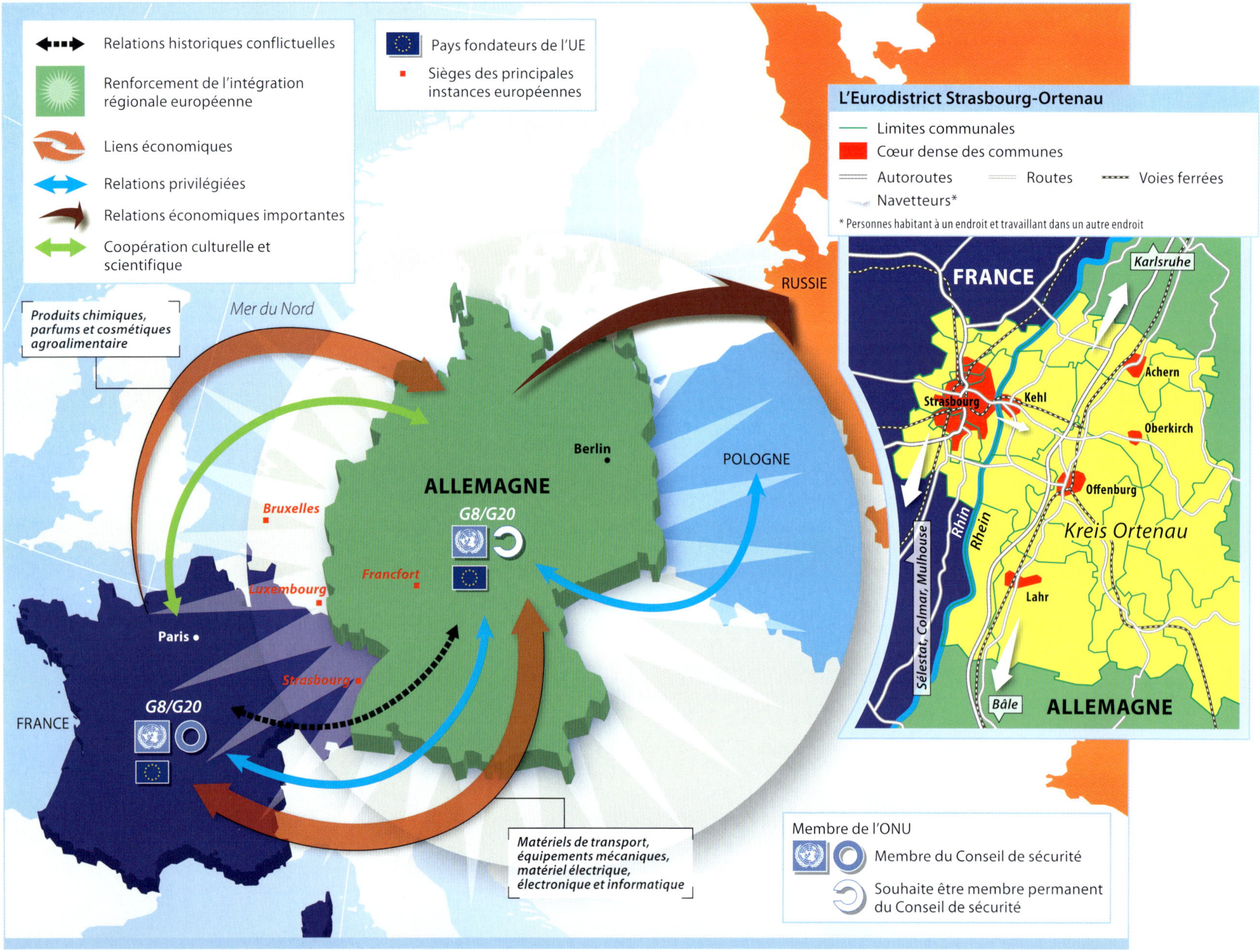

Relations historiques conflictuelles
Renforcement de l'intégration régionale européenne
Liens économiques
Relations privilégiées
Relations économiques importantes
Coopération culturelle et scientifique
Pays fondateurs de l'UE
Sièges des principales instances européennes
L'Eurodistrict Strasbourg-Ortenau
Limites communales
Cœur dense des communes
Autoroutes
Routes
Voies ferrées
Navetteurs*
* Personnes habitant à un endroit et travaillant dans un autre endroit
Produits chimiques, parfums et cosmétiques agroalimentaire
Mer du Nord
RUSSIE
POLOGNE
Berlin
ALLEMAGNE
G8/G20
Bruxelles
Francfort
Luxembourg
Paris
Strasbourg
FRANCE
G8/G20
Matériels de transport, équipements mécaniques, matériel électrique, électronique et informatique
FRANCE
Karlsruhe
Strasbourg
Kehl
Achern
Oberkirch
Offenburg
Rhin
Rhein
Kreis Ortenau
Sélestat, Colmar, Mulhouse
Lahr
Bâle
ALLEMAGNE
Membre de l'ONU
Membre du Conseil de sécurité
Souhaite être membre permanent du Conseil de sécurité

LA FRANCE ET…

L' ALLEMAGNE

Longtemps considérés comme ennemis héréditaires, l'Allemagne et la France ont développé des relations de coopération très étroites au point que l'on parle du « couple franco-allemand ».

À partir du XVIIe siècle, la France a estimé que son intérêt national était servi par l'éclatement des nations allemandes. L'occupation des territoires allemands et de la Prusse par Napoléon va développer le nationalisme allemand, qui va aboutir à l'unification sous Bismarck.

La défaite de 1870 crée un fort sentiment de revanche en France, sentiment qui dominera en Allemagne après la Première Guerre mondiale. Après la défaite nazie et la fin de la Seconde Guerre mondiale, et sous l'effet de la menace soviétique, la France et l'Allemagne décident de mettre fin à leur antagonisme et de travailler ensemble. C'est le cœur du projet de la construction européenne, qui va permettre à la paix de s'installer en Europe occidentale et aux économies européennes de connaître une forte croissance jusqu'au milieu des années 1970.

Mais le statut de l'Allemagne, un pays divisé qui doit aux États-Unis sa protection contre l'Union soviétique et qui n'a pas une réelle indépendance stratégique, empêche l'Allemagne et la France d'avancer davantage vers le projet d'une Europe puissance globale. La France dispose d'une véritable autonomie stratégique, mais son économie est moins performante que l'économie allemande. Le couple franco-allemand est considéré comme le moteur de la construction européenne : De Gaulle et Adenauer, Schmidt et Giscard, Mitterrand et Kohl ayant pour priorité de maintenir la qualité des relations bilatérales.

Une relation essentielle dans l' Union européenne

La réunification allemande a été soutenue par la France mais François Mitterrand a voulu la canaliser dans un cadre européen (traité de Maastricht, création de l'euro). Elle est venue néanmoins donner une importance relative plus grande à l'Allemagne en Europe, premier pays européen par son PNB et l'importance de sa population.

La fin de la menace soviétique permet à l'Allemagne de récupérer une plus grande autonomie, la moindre nécessité de la protection américaine lui permet d'affirmer plus nettement ses ambitions internationales. L'élargissement européen est venu diluer l'axe franco-allemand. La relation entre le président Sarkozy et la chancelière Merkel est moins développée que celles qu'entretenaient leurs prédécesseurs. La France et l'Allemagne restent le premier partenaire économique l'un de l'autre.

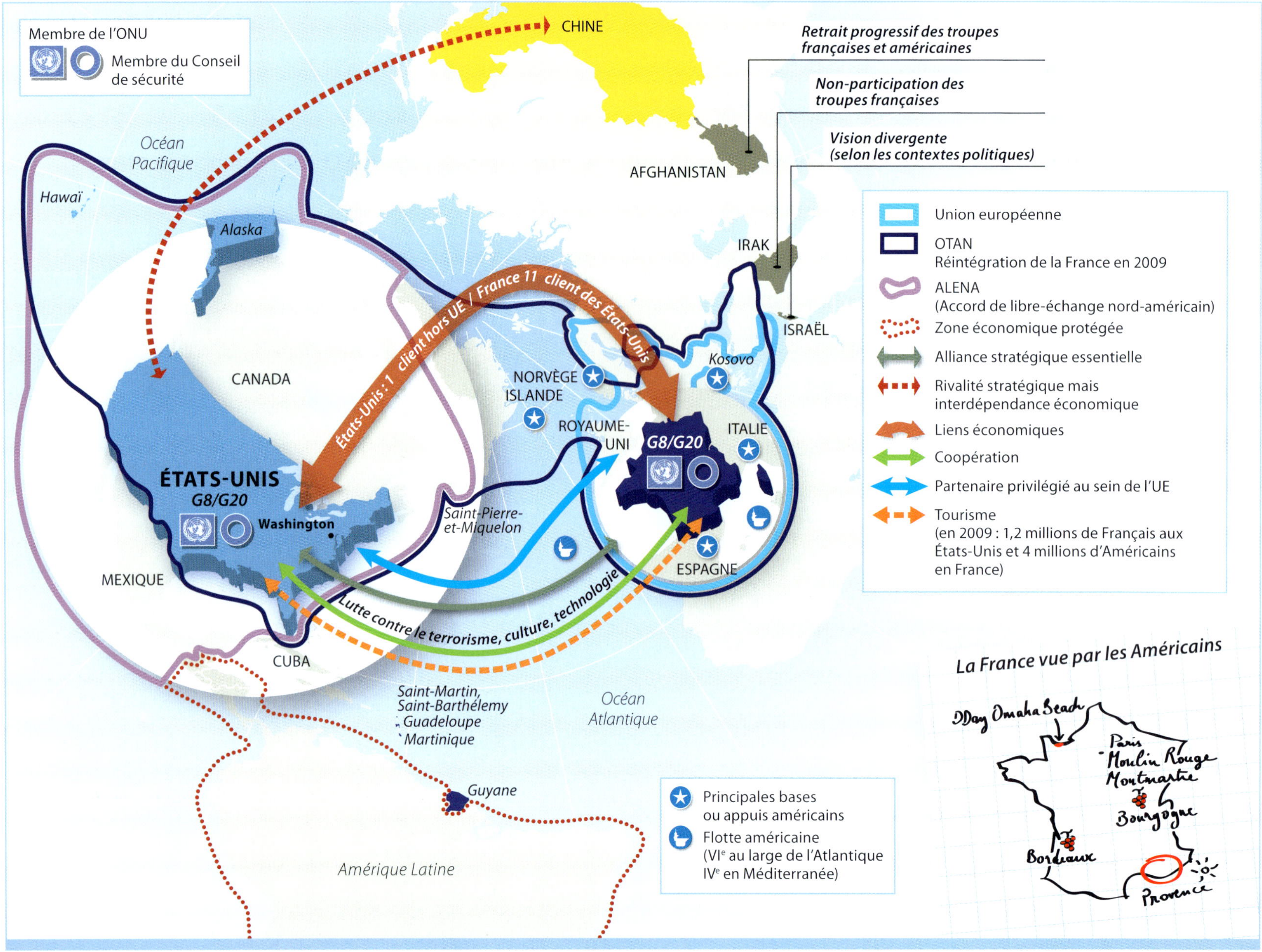

Membre de l'ONU
Membre du Conseil de sécurité
CHINE
Retrait progressif des troupes françaises et américaines
Non-participation des troupes françaises
Vision divergente (selon les contextes politiques)
AFGHANISTAN
IRAK
ISRAËL
Océan Pacifique
Hawaï
Alaska
CANADA
ÉTATS-UNIS
G8/G20
Washington
MEXIQUE
CUBA
États-Unis : 1er client hors UE / France 11e client des États-Unis
NORVÈGE
ISLANDE
ROYAUME-UNI
Kosovo
ITALIE
G8/G20
ESPAGNE
Saint-Pierre-et-Miquelon
Lutte contre le terrorisme, culture, technologie
Saint-Martin,
Saint-Barthélemy
Guadeloupe
Martinique
Océan Atlantique
Guyane
Amérique Latine
Union européenne
OTAN
Réintégration de la France en 2009
ALENA
(Accord de libre-échange nord-américain)
Zone économique protégée
Alliance stratégique essentielle
Rivalité stratégique mais interdépendance économique
Liens économiques
Coopération
Partenaire privilégié au sein de l'UE
Tourisme
(en 2009 : 1,2 millions de Français aux États-Unis et 4 millions d'Américains en France)
Principales bases ou appuis américains
Flotte américaine
(VIe au large de l'Atlantique
IVe en Méditerranée)
La France vue par les Américains
DDay Omaha Beach
Paris
Moulin Rouge
Montmartre
Bourgogne
Bordeaux
Provence

LA FRANCE ET…

LES ÉTATS-UNIS

Les États-Unis et la France n'ont jamais été en guerre, ce qui n'est le cas pour aucun des autres grands alliés européens de Washington. Pour autant, du moins à partir du XXe siècle, la relation franco-américaine ne peut pas être décrite comme paisible. Les contributions de Lafayette à l'indépendance américaine ou du général Pershing à la Première Guerre mondiale sont toujours évoquées dans les discours officiels, mais ce sont des références historiques peu présentes dans les esprits contemporains. De manière générale, les élites américaines sont attirées par la culture, l'art de vivre ou les produits de luxe français, synonymes de raffinement, de distinction et d'élégance. À l'autre bout de l'échelle sociale, pour les Afro-Américains, la France a représenté, jusqu'à une date récente, un pays où les barrières raciales n'existaient pas, ou du moins paraissaient moins pesantes qu'aux États-Unis.

Historiquement, tant que les États-Unis sont restés isolationnistes, il n'y a pas eu de difficultés particulières avec la France, peu présente sur le continent américain. Après la Seconde Guerre mondiale, la majorité de la classe politique (à l'exception des gaullistes et des communistes) est très pro-américaine car les États-Unis apparaissent comme un rempart contre la menace soviétique. Mais Washington est très critique vis-à-vis des guerres coloniales que la France mène en Indochine et en Algérie : elles sont jugées contre-productives par rapport à l'affrontement principal Est-Ouest.

Avec l'arrivée du général de Gaulle au pouvoir, les relations vont se tendre. Faute d'obtenir plus de place au sein de l'OTAN, de Gaulle quitte les organes militaires intégrés et lance une diplomatie autonome. Il estime que la menace communiste n'est plus suffisante pour accepter un alignement total sur Washington. Cette politique, qui assure une très grande popularité de la France à l'échelle mondiale, est suivie par ses successeurs, notamment François Mitterrand. On parlera d'un « gaullo-mitterrandisme » fait de solidarité dans les crises les plus aiguës avec les États-Unis (crise de Cuba, mur de Berlin, crise des euromissiles…) et d'indépendance globale (contestation de la logique des blocs, de la guerre du Vietnam, du rôle international du dollar…). Cette politique irrite les Américains persuadés que la solidité de l'Alliance atlantique passe par son *leadership* qui ne doit être contesté par aucun allié. Sous François Mitterrand, les critiques émises sur la politique américaine à l'égard du Tiers-Monde, son rejet de la guerre des étoiles ont enraciné l'idée d'un allié difficile, voire incontrôlable. En 2003, le refus français de la guerre d'Irak provoque la plus grave crise dans les relations franco-américaines. Bien que les craintes françaises se soient avérées exactes (enlisement stratégique, développement du terrorisme, creusement du fossé entre le monde occidental et le monde musulman), l'opinion américaine, chauffée à blanc par les médias et les hommes politiques, attribuait ce refus à une lâcheté des Français, incapables de prendre la mesure de la lutte contre le terrorisme. Les organisations pro-israéliennes développaient l'idée d'une France antisémite qui courtisait les pays arabes.

Une volonté d' indépendance française qui agace

Dès 2005, Jacques Chirac entame une politique de réconciliation avec les États-Unis, qui est amplifiée par Nicolas Sarkozy. Élu en 2008, Barack Obama apparaît comme le président américain le plus à même d'accepter la mise en place d'une Europe plus autonome, mais elle n'est pas une priorité pour lui. La crise franco-américaine est aujourd'hui dépassée, mais une France indépendante sera toujours vécue avec agacement par les Américains, tandis qu'une France alignée passera toujours au second rang après la Grande-Bretagne.

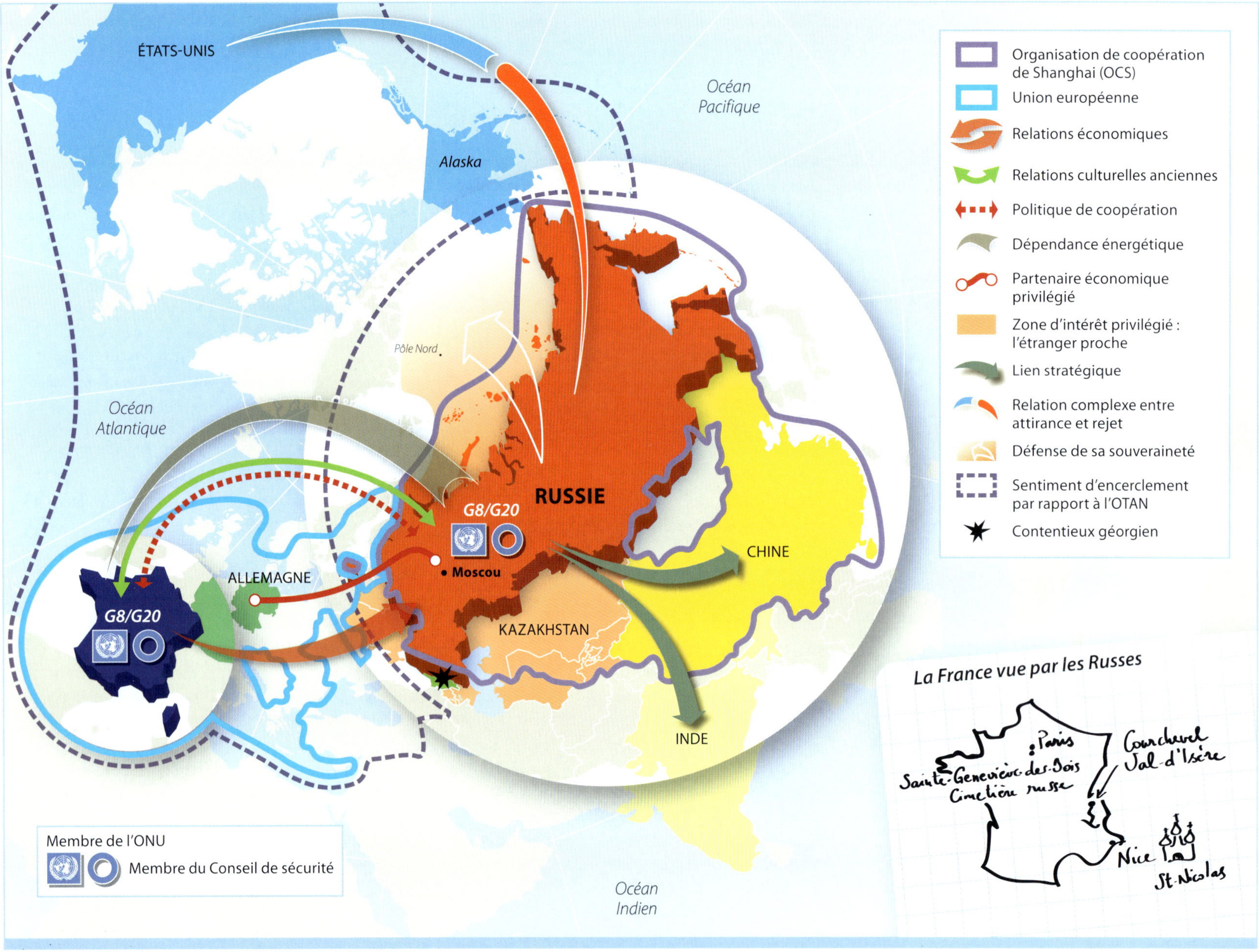
ÉTATS-UNIS
Alaska
Océan Pacifique
Océan Atlantique
Océan Indien
Pôle Nord
RUSSIE
G8/G20
Moscou
ALLEMAGNE
G8/G20
KAZAKHSTAN
CHINE
INDE
Organisation de coopération de Shanghai (OCS)
Union européenne
Relations économiques
Relations culturelles anciennes
Politique de coopération
Dépendance énergétique
Partenaire économique privilégié
Zone d'intérêt privilégié : l'étranger proche
Lien stratégique
Relation complexe entre attirance et rejet
Défense de sa souveraineté
Sentiment d'encerclement par rapport à l'OTAN
Contentieux géorgien
Membre de l'ONU
Membre du Conseil de sécurité
La France vue par les Russes
Paris
Sainte-Geneviève-des-Bois
Cimetière russe
Courchevel
Val-d'Isère
Nice
St-Nicolas

LA FRANCE ET…

LA RUSSIE

Les élites russes ont été pendant longtemps fascinées par la culture française, de la littérature (écrivains et philosophes) à l'art de vivre. La Révolution française, et le personnage de Napoléon, ont beaucoup marqué les Russes. La France est perçue comme un pays de modernité, non agressif et amical – mise à part l'invasion napoléonienne. La politique d'indépendance du général de Gaulle à l'égard des États-Unis a été appréciée positivement par la population et considérée comme une opportunité par le pouvoir soviétique.

De Gaulle avait eu la prescience que l'Union soviétique n'était pas éternelle, mais que la Russie demeurerait. Il s'était appuyé sur Moscou pour trouver des marges de manœuvre et d'indépendance à l'égard de l'étouffant allié américain (voyage de 1966), tout en restant hostile au communisme. François Mitterrand a prolongé cette politique de coopération avec Moscou lorsque c'était jugé nécessaire, tout en restant ferme face à l'Union soviétique lors des grandes querelles stratégiques, comme pendant la crise des euromissiles (jusqu'en 1983), et sans transiger sur les droits de l'homme (Sakharov). Il a développé un partenariat nourri avec Mikhaïl Gorbatchev à partir de 1985 lorsque celui-ci a développé la perestroïka, et ce jusqu'en 1991.

Après le démantèlement du communisme et l'implosion de l'Union soviétique, la Russie a d'abord, sous Eltsine, privilégié ses relations avec Washington. Mais la tendance des États-Unis à traiter la Russie comme un pays vaincu, après sa défaite dans la guerre froide, et leur volonté d'imposer leurs modèles économiques ultralibérales et diplomatiques, sans tenir compte des points de vue russes, a créé déception et ressentiment. Poutine incarne la réaction à cette période.

Un partenariat mutuellement avantageux soumis à de nombreuses inconnues

L'Europe – et principalement l'Allemagne et la France – a été réhabilitée comme partenaire afin de préserver les intérêts de la Russie. La dénonciation de l'unilatéralisme américain, avec le refus commun de la guerre d'Irak en 2003, a été l'apogée de cette convergence entre Paris, (Berlin) et Moscou. Contrairement aux nouveaux membres de l'Union européenne et de l'OTAN, ex-pays membres du pacte de Varsovie, la France ne voit pas essentiellement la Russie comme une menace pour l'Europe (le cas du Caucase étant différent), mais, dans certaines conditions, comme un partenaire possible sur le plan stratégique et économique, et comme un indispensable fournisseur d'énergie.

La tonalité de la presse française est le plus souvent hostile à la Russie, critiquant l'absence de libertés publiques, la faiblesse de l'État de droit et s'impatientant de l'absence de démocratisation réelle, après y avoir beaucoup cru au début des années 1990. Certains responsables politiques français relaient ces reproches et appellent à une modernisation politique de la Russie, mais les gouvernements, de droite comme de gauche, voient néanmoins l'intérêt pour la France d'entretenir de bonnes relations avec la Russie.

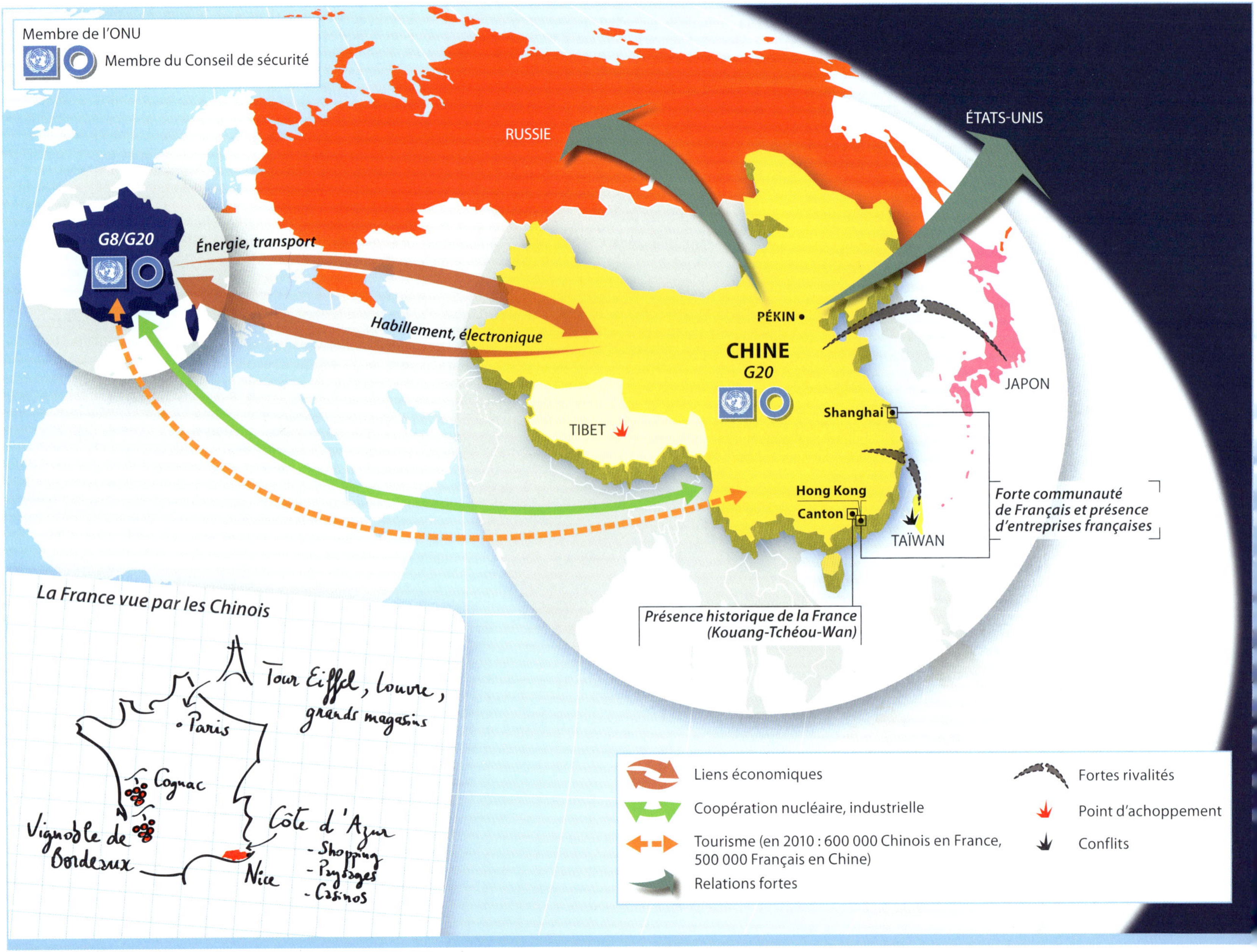

Membre de l'ONU
Membre du Conseil de sécurité
RUSSIE
ÉTATS-UNIS
G8/G20
Énergie, transport
Habillement, électronique
PÉKIN
CHINE
G20
JAPON
Shanghai
TIBET
Hong Kong
Canton
TAÏWAN
Forte communauté de Français et présence d'entreprises françaises
Présence historique de la France (Kouang-Tchéou-Wan)
La France vue par les Chinois
Tour Eiffel, Louvre, grands magasins
Paris
Cognac
Vignoble de Bordeaux
Côte d'Azur
- Shopping
- Paysages
- Casinos
Nice
Liens économiques
Coopération nucléaire, industrielle
Tourisme (en 2010 : 600 000 Chinois en France, 500 000 Français en Chine)
Relations fortes
Fortes rivalités
Point d'achoppement
Conflits

LA FRANCE ET…

LA CHINE

La France et la Chine de Pékin, qui n'avaient plus de relations diplomatiques depuis 1949, se sont trouvé des intérêts communs dans les années 1960. Toutes deux étaient à la recherche de plus d'indépendance par rapport à leur pays « protecteur » : l'Union soviétique pour la Chine, les États-Unis pour la France. Les deux pays rejetaient ce qu'ils appelaient le condominium soviéto-américain et un monde bipolaire dans lequel chaque superpuissance impose sa volonté à des alliés passifs. Chacun a voulu se constituer un arsenal nucléaire, pour assurer son indépendance stratégique. La Révolution française était admirée en Chine et la politique d'indépendance du général de Gaulle à l'égard des États-Unis, respectée. La France était alors considérée en Chine comme un pays important, jouant un rôle essentiel dans la construction européenne, ayant vocation à s'exprimer sur l'ensemble des affaires mondiales et occupant une place tout à fait originale sur l'échiquier international. La révolution chinoise bénéficiait d'une certaine sympathie en France, faite de sinophilie ancienne et de curiosité naïve – la nature répressive du régime étant moins perçue que celle de l'Union soviétique. De surcroît, la Chine, plus lointaine, n'était pas considérée comme une menace stratégique. La France fut donc en 1964, après la Grande-Bretagne, sur décision du général de Gaulle, le second pays occidental à reconnaître la République populaire chinoise. Trente ans plus tard, dans les années 1990, une brouille se produisit à propos de livraisons d'armes françaises à Taiwan, et de l'embargo imposé par les Européens sur les ventes d'armes à la Chine après la répression de Tian'anmen.

En dépit de quelques grands contrats spectaculaires, pour les entreprises françaises, les échanges économiques entre les deux pays n'ont cependant jamais été à la hauteur des bonnes relations diplomatiques, surtout si on les compare à la relation Chine/Allemagne. De plus, depuis une quinzaine d'années, le développement spectaculaire de la Chine, désormais la 2e puissance économique mondiale derrière les États-Unis, est venu modifier la relation franco-chinoise. Plus grand des pays émergents, la Chine a atteint une stature mondiale qui relativise à ses yeux – malgré l'évocation récurrente des liens historiques – l'importance de sa relation avec la France comme avec les autres puissances, mis à part les États-Unis.

> *Vue de Chine, la relation avec la France a perdu de son importance*

De son côté, la politique française est tiraillée entre des postures morales de condamnation de la Chine pour manquement aux droits de l'homme et la recherche de contrats. Elle a souvent envoyé, ces dernières années, des messages contradictoires à Pékin. La Chine fait partie du G20, créé à l'initiative de la France, mais elle résiste aux pressions de Paris, et des États-Unis, qui voudraient qu'elle réévalue sa monnaie. Par ailleurs la convergence des diplomaties européennes envers la Chine se révèle difficile à concrétiser.

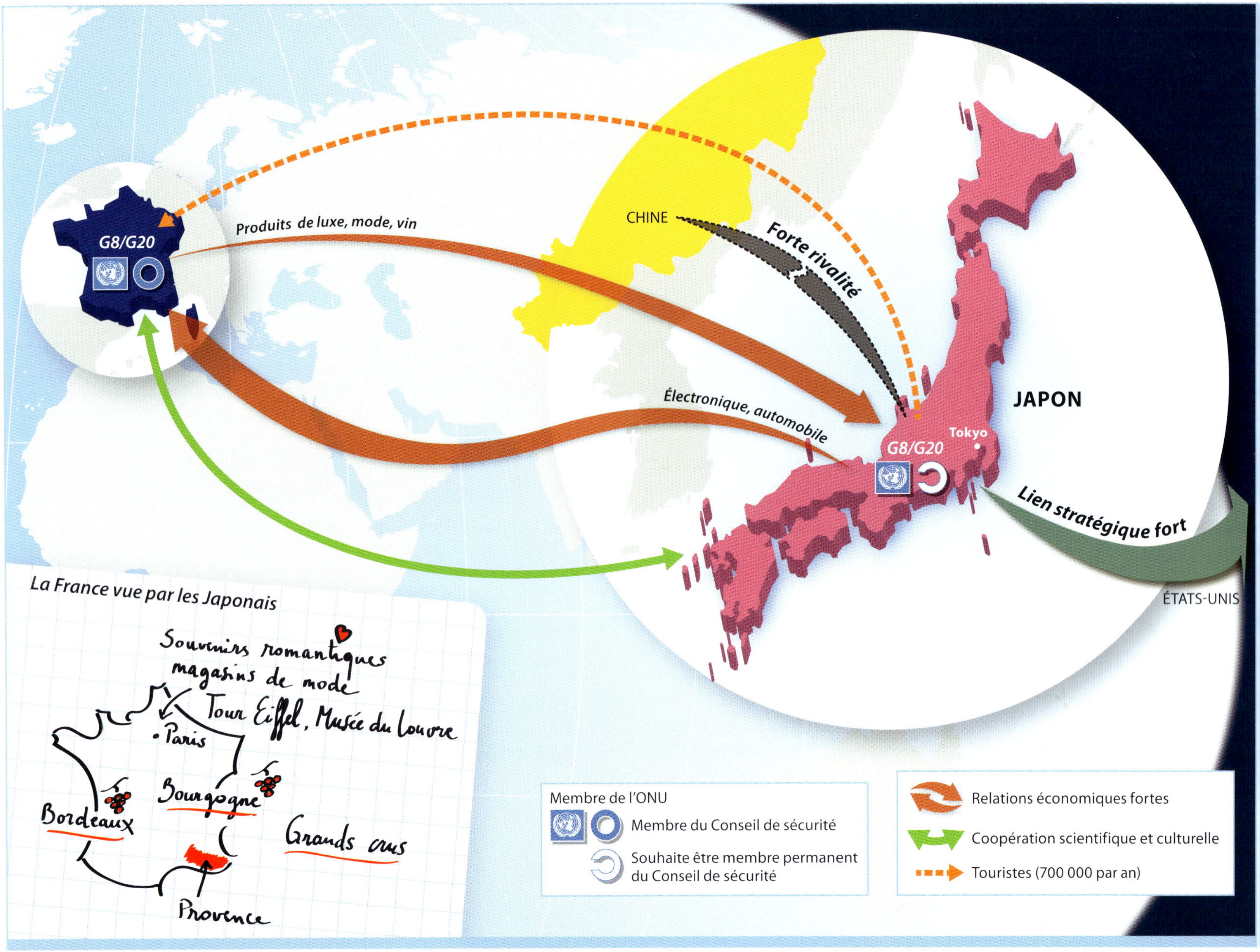

G8/G20
Produits de luxe, mode, vin
CHINE
Forte rivalité
JAPON
Électronique, automobile
Tokyo
G8/G20
Lien stratégique fort
ÉTATS-UNIS
La France vue par les Japonais
Souvenirs romantiques
magasins de mode
Tour Eiffel, Musée du Louvre
Paris
Bordeaux
Bourgogne
Grands crus
Provence
Membre de l'ONU
Membre du Conseil de sécurité
Souhaite être membre permanent du Conseil de sécurité
Relations économiques fortes
Coopération scientifique et culturelle
Touristes (700 000 par an)

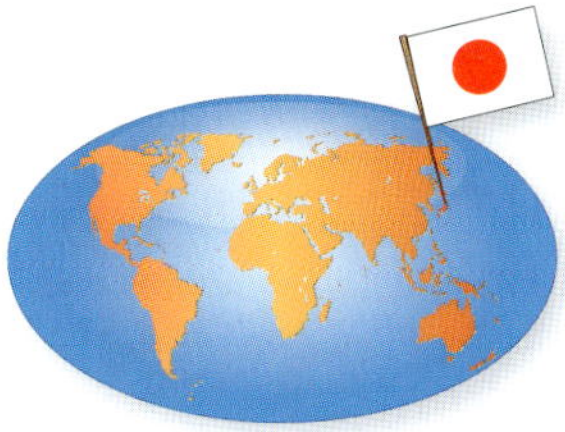

LA FRANCE ET…

LE JAPON

La France jouit d'une popularité certaine au Japon : elle symbolise le luxe, la gastronomie, le raffinement. Par contraste avec leurs difficiles conditions de vie quotidienne (long temps de travail, déplacements quotidiens, logement exigu, etc.), les Japonais voient la France comme un pays où il fait bon vivre et comme une destination touristique et culturelle idéale. Souffrant d'un environnement stratégique mal commode en Asie du Nord-Est (menace soviétique puis relations difficiles avec la Russie, menaces chinoise et coréenne), le Japon est obligé de ne pas remettre en cause le lien de dépendance étroit qui l'unit aux États-Unis, ses partenaires économiques et stratégiques prioritaires. Cette relation bilatérale, dessinée après la défaite de 1945, est jugée indispensable mais pesante.

Avec la France, le rapprochement s'est notamment fait par la coopération de secteurs d'excellence industrielle et technologique : nucléaire, train à grande vitesse, automobile – pensons à l'alliance entre Renault et Nissan par exemple. Ces échanges ont permis d'enrichir l'image d'un pays qui passait pour ne briller que dans le luxe et l'art de vivre. Jacques Chirac a lui aussi contribué à faire rayonner l'image de la France au Japon. Féru de culture japonaise, amateur des combats de sumo, il s'est rendu à de nombreuses reprises dans l'archipel nippon, avant et pendant sa présidence de la République.

Cette relation franco-nippone pourrait néanmoins être plus développée. La France pourrait par exemple constituer un point d'appui pour le Japon dans l'Europe. Certes, les deux pays se retrouvent autour de l'attachement à l'ONU, de la priorité accordée à la lutte contre le réchauffement climatique ou dans des circonstances exceptionnelles comme en 2011 avec la tragédie nucléaire de Fukushima. Mais le Japon regrette que la France privilégie, en Asie, sa relation avec la Chine.

Le Japon souhaite que la France ne privilégie pas, en Asie, que sa relation avec la Chine

La France n'est pas isolée dans ce choix asiatique qui découle de raisons stratégiques assez évidentes : deux puissances nucléaires résistant au condominium soviéto-américain et deux membres permanents du Conseil de sécurité. Depuis les années 1980, le boom économique chinois a pris, côté français, le relais des motivations passées. Cette attraction pèse désormais sur les relations entretenues par le Japon avec la France, comme avec l'Allemagne ou les États-Unis.

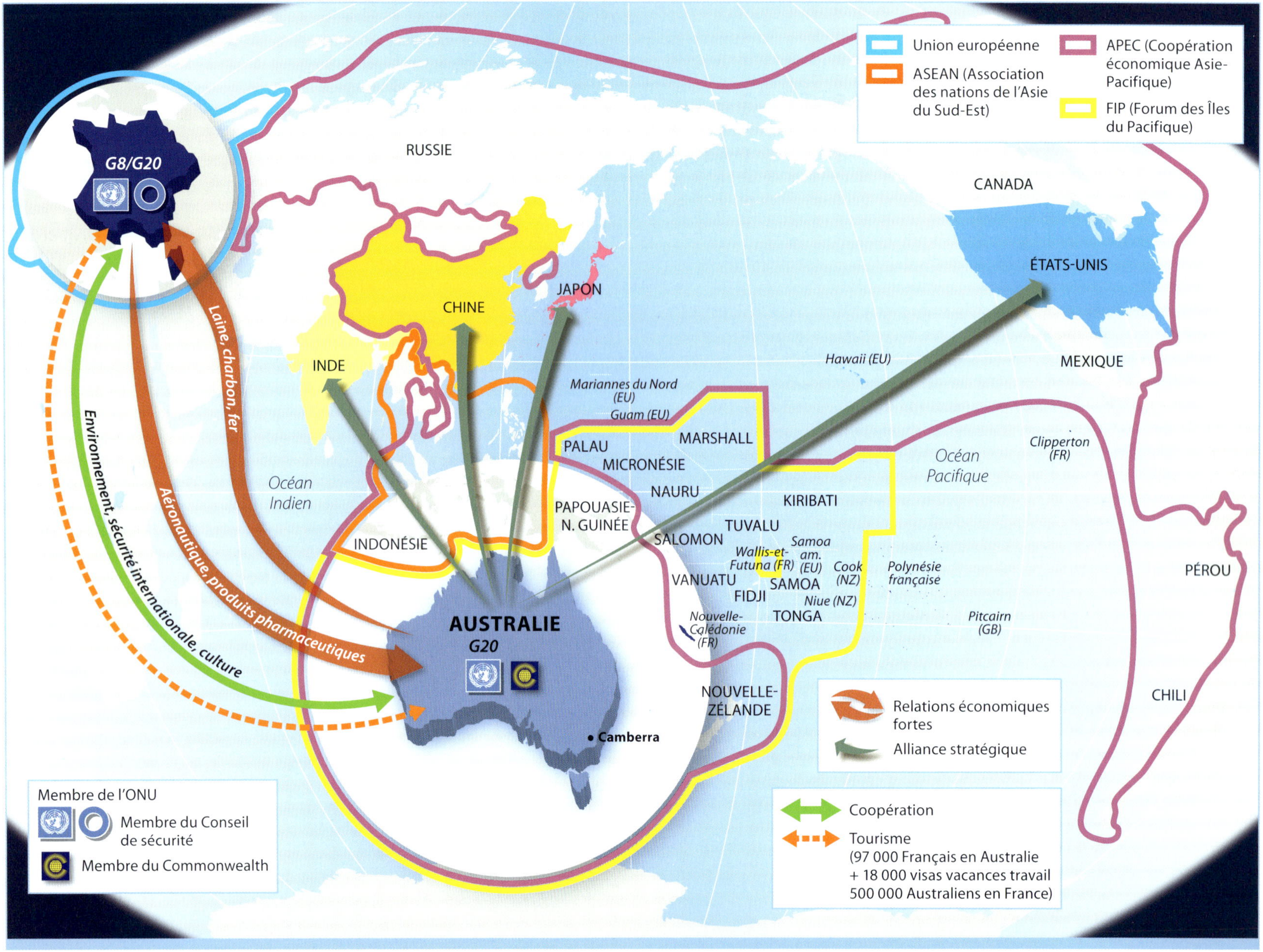

Union européenne
ASEAN (Association des nations de l'Asie du Sud-Est)
APEC (Coopération économique Asie-Pacifique)
FIP (Forum des Îles du Pacifique)
G8/G20
RUSSIE
CANADA
CHINE
JAPON
INDE
ÉTATS-UNIS
MEXIQUE
Hawaii (EU)
Mariannes du Nord (EU)
Guam (EU)
MARSHALL
PALAU
MICRONÉSIE
NAURU
Océan Pacifique
Clipperton (FR)
Océan Indien
PAPOUASIE-N. GUINÉE
KIRIBATI
TUVALU
SALOMON
INDONÉSIE
Samoa am. (EU)
Wallis-et-Futuna (FR)
Cook (NZ)
Polynésie française
VANUATU
SAMOA
FIDJI
Niue (NZ)
TONGA
Nouvelle-Calédonie (FR)
Pitcairn (GB)
PÉROU
CHILI
AUSTRALIE
G20
Camberra
NOUVELLE-ZÉLANDE
Laine, charbon, fer
Aéronautique, produits pharmaceutiques
Environnement, sécurité internationale, culture
Relations économiques fortes
Alliance stratégique
Coopération
Tourisme
(97 000 Français en Australie
+ 18 000 visas vacances travail
500 000 Australiens en France)
Membre de l'ONU
Membre du Conseil de sécurité
Membre du Commonwealth

102

LA FRANCE ET…

L'AUSTRALIE

Géographiquement, la France et l'Australie sont aux antipodes. Sans l'être sur le plan stratégique, elles n'ont pas les relations de proximité que leur appartenance commune à la famille occidentale devrait leur procurer. Au XIXe siècle, la progression française dans le Pacifique (Nouvelle-Calédonie, Polynésie) a été perçue comme une menace par les colons anglais du continent australien. Certes, l'Australie a participé comme allié aux deux guerres mondiales, mais les conséquences sur la relation avec la France sont restées modérées.

Au cours de la guerre froide, le statut de pays anglophone, conservant de bonnes relations avec l'ancienne puissance coloniale britannique et voulant être un allié aussi loyal que possible des États-Unis, est venu compliquer les rapports entre les deux pays. L'Australie juge sévèrement la politique d'indépendance de la France face aux États-Unis car elle y voit un manquement à la nécessaire solidarité occidentale. La France, de son côté, considère la position australienne comme un alignement passif sur Washington et un manque d'affirmation nationale.

Les essais nucléaires français dans le Pacifique sont venus attiser les querelles, dans les années 1970 et plus récemment, sous Jacques Chirac. Sévère à l'égard de la France, l'Australie mettait en avant les risques pour la protection de l'environnement et accusait les dirigeants français de faire des essais dangereux loin de la métropole, en laissant les riverains du Pacifique en subir les conséquences.

> *Trop anglaise, trop américaine pour être un allié privilégié de la France*

Pour la France, du moins dans les années 1970, cette hostilité, au prétexte environnemental, ne faisait que relayer les réticences américaines à la constitution d'une force nucléaire autonome.

L'agriculture et la PAC restent un sujet de discorde car l'Australie critique un système qu'elle juge protectionniste et qui serait un frein à ses exportations.

Néanmoins, les relations entre Paris et Canberra évoluent progressivement : la France a participé à l'opération dirigée par l'Australie et destinée à sécuriser l'indépendance du Timor-Leste vis-à-vis de l'Indonésie. Désormais, la présence française dans le Pacifique est vue comme un facteur stabilisant et l'Australie apprécie le rapprochement franco-américain opéré par Nicolas Sarkozy.

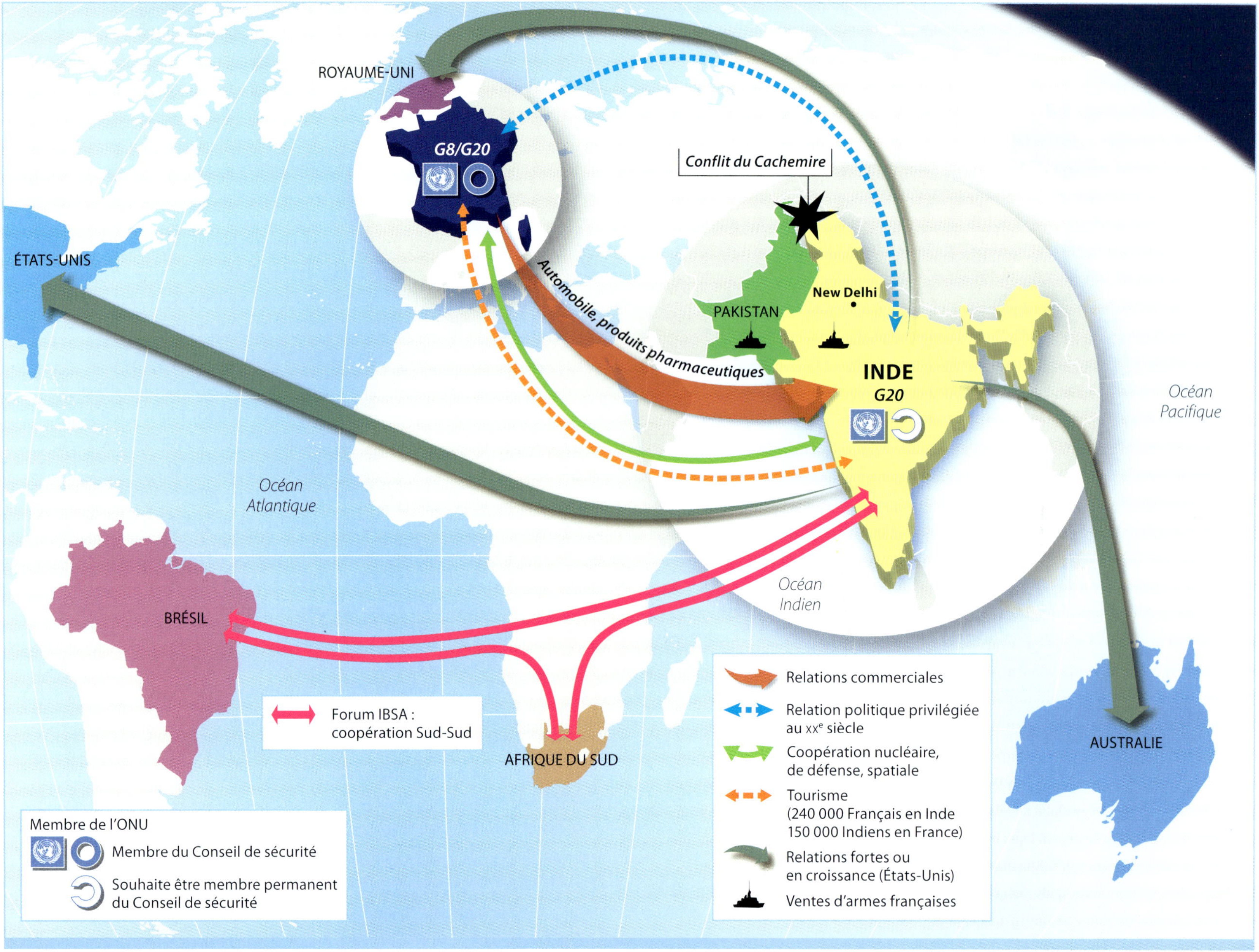

ROYAUME-UNI
G8/G20
Conflit du Cachemire
ÉTATS-UNIS
Automobile, produits pharmaceutiques
PAKISTAN
New Delhi
INDE
G20
Océan Pacifique
Océan Atlantique
Océan Indien
BRÉSIL
AFRIQUE DU SUD
AUSTRALIE
Forum IBSA : coopération Sud-Sud
Relations commerciales
Relation politique privilégiée au xxe siècle
Coopération nucléaire, de défense, spatiale
Tourisme (240 000 Français en Inde 150 000 Indiens en France)
Relations fortes ou en croissance (États-Unis)
Ventes d'armes françaises
Membre de l'ONU
Membre du Conseil de sécurité
Souhaite être membre permanent du Conseil de sécurité

LA FRANCE ET…

L'INDE

Pendant la guerre froide, les Indiens avaient une image très positive de la France. Pour un pays qui se pensait comme l'un des leaders des non-alignés, il pouvait être intéressant de développer une relation stratégique avec un pays occidental, capable d'indépendance à l'égard des États-Unis et qui mettait en œuvre sa propre politique étrangère, en cherchant à dépasser la logique des blocs. Grâce à cette relation, l'Inde ne dépendait pas exclusivement de Moscou pour son équipement militaire, tout en renforçant la crédibilité de son non-alignement. Puissance nucléaire officieuse reconnue par le Traité de non-prolifération, New Delhi appréciait aussi que la France ne condamne pas l'effort accompli par le sous-continent en vue d'obtenir l'arme nucléaire – et donc de proliférer.

Après 1981, François Mitterrand a fait de l'Inde, avec son ministre des Affaires étrangères Claude Cheysson, l'un des principaux points d'appui déclarés de la diplomatie française dans le Tiers-Monde. Là encore, l'Inde appréciait cette diplomatie française, favorable au rééquilibrage des relations Nord-Sud, à l'écoute des revendications du Tiers-Monde et non alignée sur les États-Unis, sans être soumise à l'Union soviétique. La France constituait par ailleurs un point d'entrée en Europe pour un État à la recherche de partenaires importants qui ne viendraient pas empiéter sur son indépendance. Ces bonnes relations politiques et stratégiques n'ont pourtant pas engendré d'intenses échanges économiques. En outre, les contrats militaires passés avec le Pakistan sont venus altérer cette bonne perception de la France.

> *La relation avec la France n'est plus regardée comme aussi stratégique qu'auparavant*

La fin de la guerre froide a entraîné, dans les années 1990, une vaste redistribution des cartes. Un moment déstabilisée par la disparition de l'Union soviétique, l'Inde a réorienté sa politique étrangère. Elle a privilégié sa relation avec les États-Unis, afin de consolider son statut de 6e puissance mondiale et de puissance nucléaire officieuse. La relation avec la France est devenue moins importante tout comme les échanges commerciaux qui restent loin de leur potentiel théorique : la France n'est que le 5e partenaire de l'Inde au sein de l'Union européenne, après la Grande-Bretagne, l'Allemagne, l'Italie et même la Belgique. Pour des questions linguistiques et culturelles, les élites indiennes regardent plutôt du côté des États-Unis, ou en Europe, du côté Royaume-Uni, ainsi que vers l'Afrique ou le reste de l'Asie. L'Inde est désormais moins sensible aux attraits d'une France jugée moins utile stratégiquement. Dans la bagarre multipolaire, la France a désormais perdu, aux yeux de l'Inde, une partie de son intérêt.

Membre de l'ONU
Membre du Conseil de sécurité
Souhaite être membre permanent du Conseil de sécurité
ÉTATS-UNIS
FRANCE
G8/G20
Négociations commerciales délicates (Rafale 2010/2011)
Océan Atlantique
VENEZUELA
Guyane
Amazonie
BRÉSIL
G20
Brasília
Minerais de fer, soja, huiles brutes de pétrole, sucre
Biens d'équipement, automobile, produits pharmaceutiques
Océan Pacifique
PARAGUAY
ARGENTINE
URUGUAY
Organisation régionale (Mercosur)
Rôle majeur dans la construction régionale
Volonté de se détacher de l'influence américaine
Liens économiques
Tensions transfrontalières
Coopération scientifique (gestion environnementale en Amazonie)

LA FRANCE ET…

LE BRÉSIL

Au XIXe siècle, pour le jeune État brésilien, la France était une source d'inspiration, parée du prestige du siècle des Lumières, et de la Révolution française. Ancienne colonie portugaise, le Brésil doit son indépendance, en 1822, aux conséquences des guerres napoléoniennes. Sa devise, « ordre et progrès », est reprise d'Auguste Comte. Au début du XXe siècle, le Brésil apparaissait lointain et représentait un enjeu mineur pour la France. On se rappelle de la formule attribuée à Clemenceau « Le Brésil est un pays d'avenir et le restera longtemps ». Absorbée par ses guerres coloniales, s'intéressant en priorité aux pays d'Afrique et d'Asie, la France n'a été sensible au Brésil qu'à partir du début de la modernisation du pays, dans les années 1950. Dans les années 1960, l'instauration d'un régime militaire, étroitement lié aux États-Unis, a créé un fossé entre Paris et Brasilia. L'attirance touristique et culturelle pour le Brésil s'accompagnait d'une distanciation politique. De nombreux Brésiliens, dont le futur président Cardoso, trouvèrent alors asile en France.

Le retour à un régime démocratique en 1985 permit un réchauffement des relations entre les deux pays. Après deux mandats très réussis de Fernando Cardoso, l'arrivée au pouvoir du syndicaliste Luis Ignacio da Silva dit « Lula » en 2000, décidé à donner une dimension diplomatique nouvelle à son pays et à accroître son poids sur la scène internationale, a permis de concrétiser dans plusieurs domaines une coopération franco-brésilienne. Entre un pays occidental, puissance internationale affirmée, membre permanent du Conseil de sécurité, menant une diplomatie globale, et un pays émergent du Sud voulant jouer un rôle majeur et nouveau dans la redéfinition des équilibres mondiaux, il y a de plus en plus d'intérêts complémentaires. La perspective d'un monde multipolaire était une référence appréciée dans les deux pays. Le Brésil dominait le Mercosur, marché commun sud-américain, la France jouait un rôle majeur dans la construction européenne. Les deux se méfiaient de l'unilatéralisme américain. Ils plaidaient conjointement pour un nouvel ordre économique mondial plus régulé et moins défavorable au Sud. Paris et Brasilia ont été conjointement à l'origine de l'établissement de la première taxation internationale au profit du développement (taxe volontaire sur les billets d'avion, affectée à la lutte contre le sida). Le président Lula avait prévu d'acheter des avions Rafale, afin d'illustrer l'axe stratégique franco-brésilien.

Un partenariat économique et politique croissant

Le rejet français – avec les autres occidentaux – d'un compromis sur le nucléaire iranien élaboré par la Turquie et le Brésil a provoqué du ressentiment à Brasilia. Les autorités brésiliennes y ont vu un refus de principe de leur partenaire français – et des autres occidentaux – de lui reconnaître un rôle diplomatique important sur un sujet stratégique majeur. Néanmoins, le G20, créé à l'initiative française est un cadre de coopération prometteur pour les deux pays.

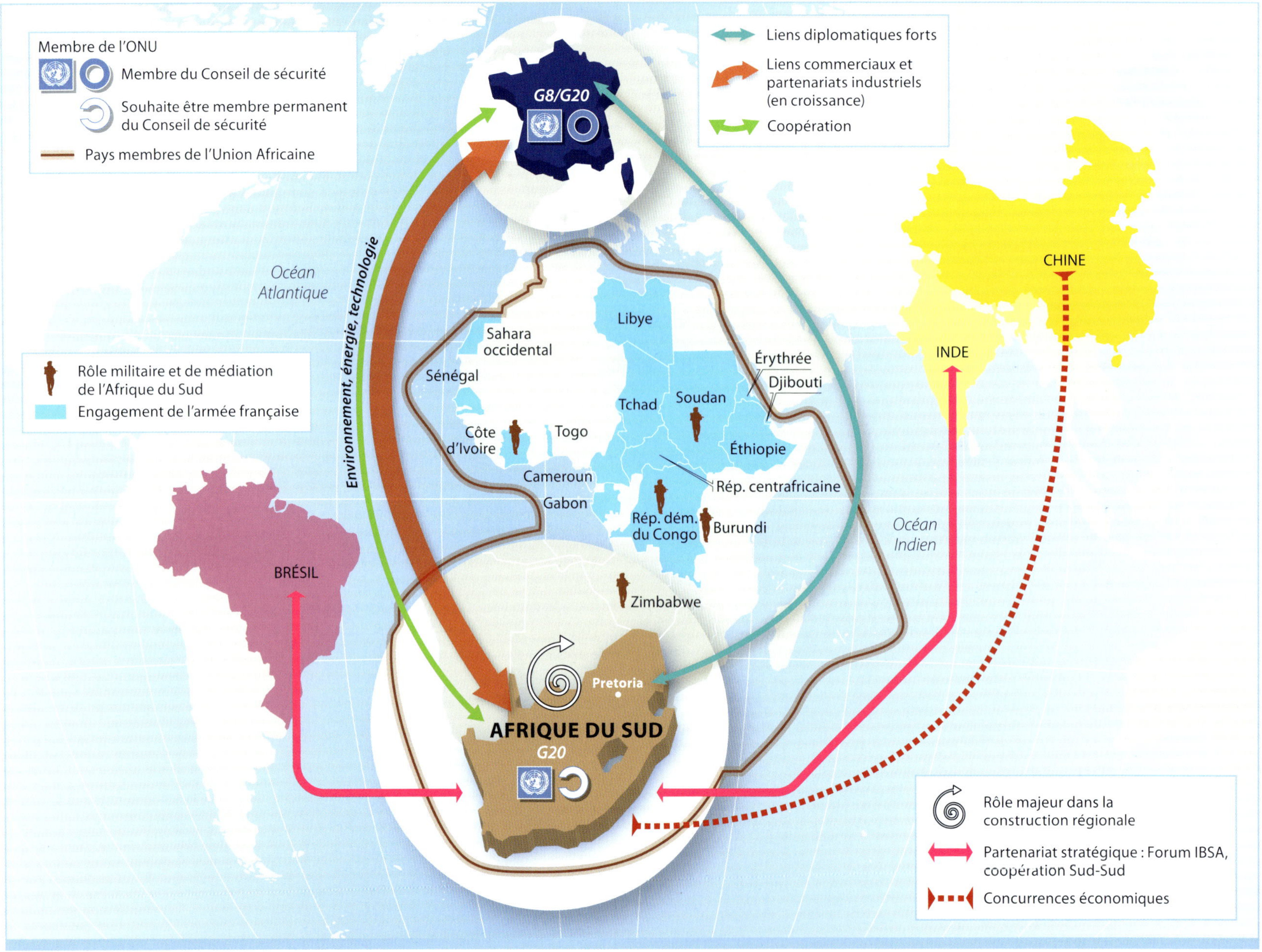
Membre de l'ONU
Membre du Conseil de sécurité
Souhaite être membre permanent du Conseil de sécurité
Pays membres de l'Union Africaine
Liens diplomatiques forts
Liens commerciaux et partenariats industriels (en croissance)
Coopération
G8/G20
Environnement, énergie, technologie
Océan Atlantique
Rôle militaire et de médiation de l'Afrique du Sud
Engagement de l'armée française
Sahara occidental
Libye
Sénégal
Érythrée
Djibouti
Tchad
Soudan
Côte d'Ivoire
Togo
Éthiopie
Cameroun
Rép. centrafricaine
Gabon
Rép. dém. du Congo
Burundi
Océan Indien
CHINE
INDE
BRÉSIL
Zimbabwe
Pretoria
AFRIQUE DU SUD
G20
Rôle majeur dans la construction régionale
Partenariat stratégique : Forum IBSA, coopération Sud-Sud
Concurrences économiques

LA FRANCE ET…

L'AFRIQUE DU SUD

Malgré l'importance de son empire colonial en Afrique occidentale et équatoriale, du XIXe siècle jusqu'au milieu du XXe siècle, la France n'a jamais développé de relations étroites, ni de présence affirmée, en Afrique du Sud. Quelques centaines d'huguenots, chassés de la France par la révocation de l'édit de Nantes, s'y étaient pourtant installés, à la fin du XVIIe siècle. Bien plus tard, lorsque le régime de l'apartheid est instauré à la fin de la Seconde Guerre mondiale, la France est avant tout préoccupée par sa reconstruction et par ses guerres coloniales : il faut attendre les années 1970, pour que la société française commence réellement à se mobiliser. Après l'arrivée au pouvoir de François Mitterrand en 1981, la France vote les résolutions à l'ONU pour condamner le régime sud-africain d'apartheid et demander des sanctions contre lui. En 1985, à la suite du durcissement de la répression, la France interdit tout nouvel investissement en Afrique du Sud.

Lorsque l'apartheid est démantelé, la France est considérée par les Sud-Africains comme le pays occidental qui a été le plus actif dans la lutte contre le régime ségrégationniste. Sans passé colonial dans le Sud de l'Afrique, elle y bénéficie d'une bonne image. À l'été 1994, François Mitterrand est le premier chef d'État occidental invité par Nelson Mandela à effectuer une visite officielle dans la nouvelle Afrique du Sud « arc-en-ciel ».

Les deux pays ont tout à gagner à coopérer

Très rapidement, la nouvelle Afrique du Sud s'affirme comme le géant économique, voire politique, du continent africain. Son influence est déterminante dans le Sud de l'Afrique et la France soutient sa candidature à un siège permanent au Conseil de sécurité. Toutefois, sous la présidence de Jacques Chirac, Paris s'est parfois inquiétée de la montée en puissance de ce pays venant concurrencer, dans certains cas, ses propres intérêts sur le continent africain. Ce fut notamment le cas en 2005 lorsque le président Mbeki, successeur de Mandela, a tenté une médiation – infructueuse – dans la crise ivoirienne. Mais, la France, pays occidental important, et l'Afrique du Sud, pays émergent, se rendent compte qu'ils ont intérêt à coopérer. Le décollage de l'économie sud-africaine suscite l'intérêt des investisseurs français. Pour l'Afrique du Sud, la France représente un appui diplomatique potentiel. Les deux pays sont ensemble dans le G20.

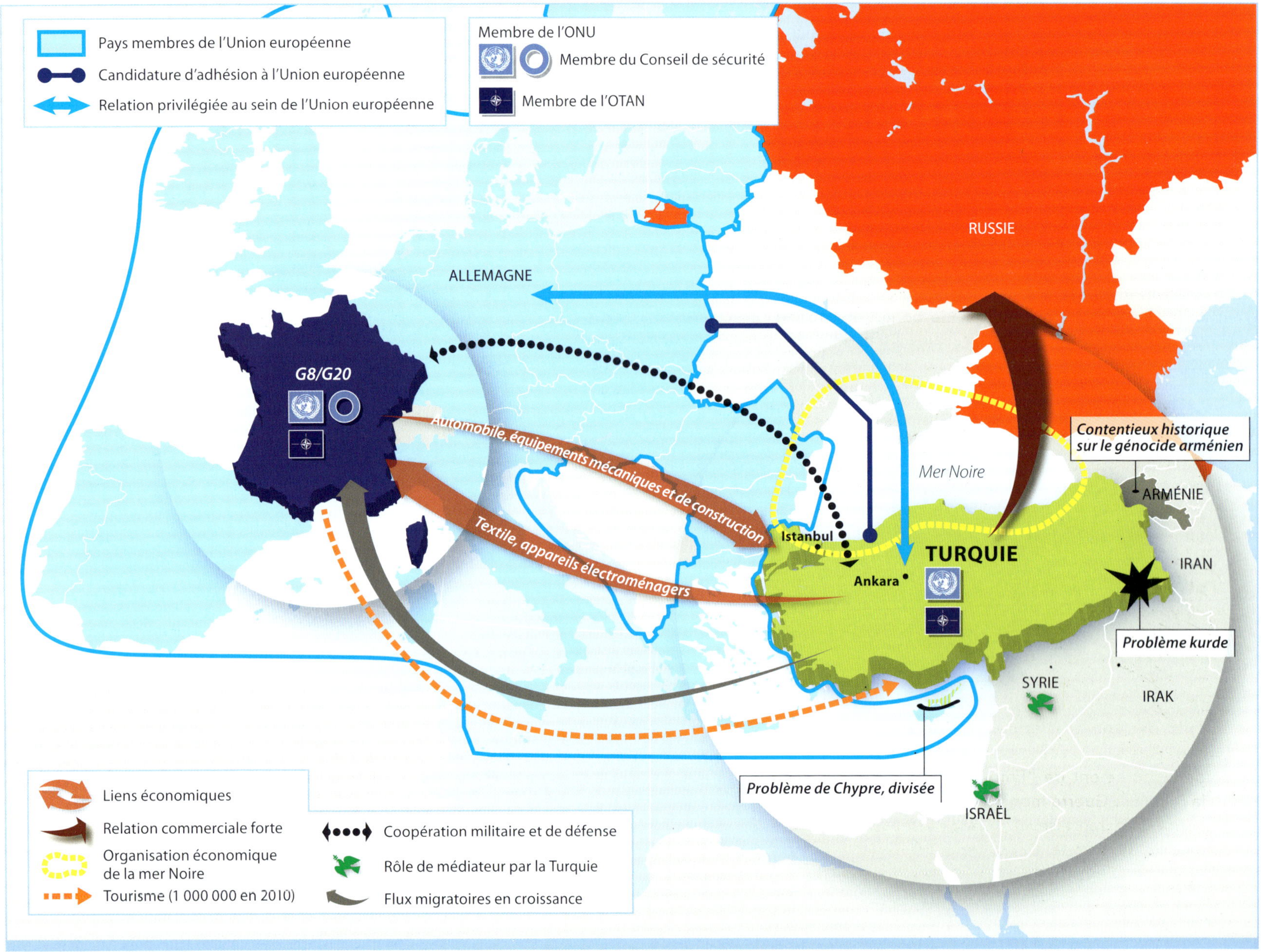

Pays membres de l'Union européenne
Candidature d'adhésion à l'Union européenne
Relation privilégiée au sein de l'Union européenne
Membre de l'ONU
Membre du Conseil de sécurité
Membre de l'OTAN
RUSSIE
ALLEMAGNE
G8/G20
Automobile, équipements mécaniques et de construction
Textile, appareils électroménagers
Mer Noire
Contentieux historique sur le génocide arménien
ARMÉNIE
Istanbul
Ankara
TURQUIE
IRAN
Problème kurde
SYRIE
IRAK
Problème de Chypre, divisée
ISRAËL
Liens économiques
Relation commerciale forte
Organisation économique de la mer Noire
Tourisme (1 000 000 en 2010)
Coopération militaire et de défense
Rôle de médiateur par la Turquie
Flux migratoires en croissance

LA FRANCE ET…

LA TURQUIE

En 1524, François Ier, qui venait de subir une défaite à Pavie face à Charles Quint, n'a pas hésité à s'exonérer de la solidarité entre rois chrétiens pour conclure une alliance de revers, jugée scandaleuse, avec l'empereur ottoman, le sultan Soliman le Magnifique. Les relations diplomatiques furent établies entre les deux puissances et la première ambassade permanente de France à l'étranger fut installée à Istanbul en 1535.

Au XIXe siècle, en dépit de ses conquêtes coloniales en Afrique du Nord (Tunisie, Algérie), la France entretient de bonnes relations avec l'Empire ottoman. Comme l'Angleterre, elle estime qu'il faut soutenir « l'homme malade de l'Europe » contre les appétits russes. Cependant, elle se considère comme protectrice des chrétiens du Levant et pèse lourdement dans la vie économique de l'Empire. Les « jeunes Turcs », quant à eux, préparent leur révolution en France. Mustafa Kemal, futur Atatürk, francophile et francophone, est épris des Lumières et des philosophes français. Parvenu à la tête de la Turquie, née du démembrement de l'Empire ottoman après la Première Guerre mondiale, il y impose une laïcité « à la française ». La France sert aussi de modèle aux institutions du nouveau régime. La création du lycée Galatasaray permet de développer la francophonie dans l'élite d'un pays où le général de Gaulle effectue, en 1968, une visite remarquée.

Mais, de la fin des années 1960 au début des années 1990, une certaine distance se crée entre Paris et Ankara. La France n'apprécie pas le strict alignement de la Turquie sur les États-Unis et critique de plus en plus le pouvoir conféré à l'armée, les atteintes aux libertés publiques. Le refus de la Turquie de reconnaître le génocide arménien – pour elle, des « massacres » liés à la Guerre mondiale – et la répression des revendications kurdes, sont autant de pommes de discorde, ravivées par l'adoption par le Parlement français d'une loi reconnaissant le génocide arménien en 2000.

Des relations diplomatiques fort anciennes aujourd' hui en crise

Se pose aussi l'épineuse question de la place de la Turquie dans l'Union européenne. Pour François Mitterrand, et selon les termes de sa visite en 1992, la Turquie relève de l'espace européen dans l'esprit de l'accord commercial Turquie/Europe de 1963. Une position reprise, avec plus d'engagement encore, par Jacques Chirac, pendant un temps.

Le retour à un régime de pleine démocratie avec des alternances politiques, les progrès faits sur la question kurde, une plus grande autonomisation de la diplomatie turque par rapport aux États-Unis et à l'OTAN et un développement important des relations économiques bilatérales, vont modifier le paysage politique.

Depuis 2007, les relations anciennes et fortes entre la France et la Turquie sont néanmoins tendues. La Turquie a fait de l'adhésion à l'Union européenne un objectif stratégique et sa candidature a été jugée acceptable par le Conseil européen en 1999. Or, l'Allemagne d'Angela Merkel, mais aussi, avec plus d'éclat, la France de Nicolas Sarkozy, s'y opposent, mettant en avant la non-appartenance de la Turquie au continent européen, et de façon plus ou moins explicite son enracinement dans le monde musulman : le parti musulman AKP, parti pour la justice et le développement au pouvoir depuis 2002, reporte à nouveau les élections en 2011. Cette question de l'adhésion risque de peser durablement dans les relations franco-turques.

CANADA
ÉTATS-UNIS
G8/G20
Cartel des drogues
MEXIQUE
G20
Mexico
Océan Pacifique
Océan Atlantique
BRÉSIL
Environnement, formation
Équipements mécaniques, électronique et informatique
Produits agro-alimentaires, biens industriels
Relations politiques anciennes et en difficulté aujourd'hui
Liens économiques
Coopération
Tourisme (170 000 Français en 2010)
Partenariat stratégique avec l'Union Européenne
Intégration économique nord-américaine (ALENA)
Lien stratégique
Migrations
Frontière surveillée et murée sur la partie ouest
Politique de rapprochement en Amérique latine
Concurrence économique et politique
Membre de l'ONU
Membre du Conseil de sécurité
Souhaite être membre permanent du Conseil de sécurité

LA FRANCE ET…

LE MEXIQUE

En 1861, Napoléon III envoie un corps expéditionnaire au Mexique. L'objectif est double, il s'agit d'exiger de ce pays le paiement des dettes dues aux autres États européens, mais aussi de soutenir la création en Amérique du Nord d'un empire catholique qui serait l'allié de la France et qui pourrait contrebalancer la puissance grandissante des États-Unis d'Amérique, alors en pleine guerre de Sécession. En France, Napoléon III espère ainsi renforcer sa popularité auprès des catholiques français. Maximilien, frère de l'empereur d'Autriche, est couronné empereur du Mexique en 1863. Mais la guérilla mexicaine triomphe de l'armée française en 1867. C'est l'échec de « l'expédition du Mexique ». Les deux pays rétablissent des relations diplomatiques en 1880, sous la IIIe République, mais les échanges restent limités.

Il faut attendre la Ve République pour que ces relations se développent. Paris et Mexico cherchent des marges de manœuvre par rapport aux États-Unis et voient dans l'autre, un point d'appui dans cette stratégie. Le 16 mars 1964, le général de Gaulle prononce à Mexico un discours « La mano en la mano » salué par 300 000 personnes. Napoléon III est oublié, les deux pays célèbrent réciproquement leur diplomatie. Les Mexicains apprécient la politique d'indépendance de la France à l'égard des États-Unis, malgré la guerre froide et la menace soviétique. Les Français célèbrent la non-soumission du Mexique à son puissant voisin. Chacun a une vision romantique et irréaliste de l'autre et la France construit le métro de Mexico, symbole de la modernité du pays.

Ni la France ni le Mexique ne voient leur partenariat comme indispensable

Lorsqu'il arrive au pouvoir en 1981, François Mitterrand distingue, avec son ministre des Affaires étrangères Claude Cheysson, trois grands pays du Tiers-Monde qui pourraient être les partenaires privilégiés de la France, le Mexique, l'Inde et l'Algérie. La déclaration franco-mexicaine d'août 1981 sur le Salvador met en avant une vision commune de la solution des conflits en Amérique centrale, opposée à celle des États-Unis de Ronald Reagan. En octobre, François Mitterrand, se rendant au sommet des chefs d'État et de gouvernement Nord-Sud à Cancun, prononce à Mexico un discours qui pose la France en avocat du Tiers-Monde auprès du monde occidental.

Par la suite, les relations, tout en restant de bonne qualité, ne connaissent plus cette proximité politique si forte. Le Brésil apparaît comme le partenaire majeur de la France en Amérique du Sud et le Mexique, lui-même attiré dans l'orbite américaine par l'accord commercial ALENA en prend légèrement ombrage.

Alors que 2011 aurait dû être l'année du Mexique en France et relancer la coopération entre les deux pays, une crise diplomatique aiguë s'ouvre à propos d'une jeune Française, Florence Cassez, condamnée à soixante années de prison pour complicité d'enlèvement et dont Paris clame l'innocence, mettant en cause la justice mexicaine. Néanmoins les deux pays travaillent ensemble dans le cadre du G20.

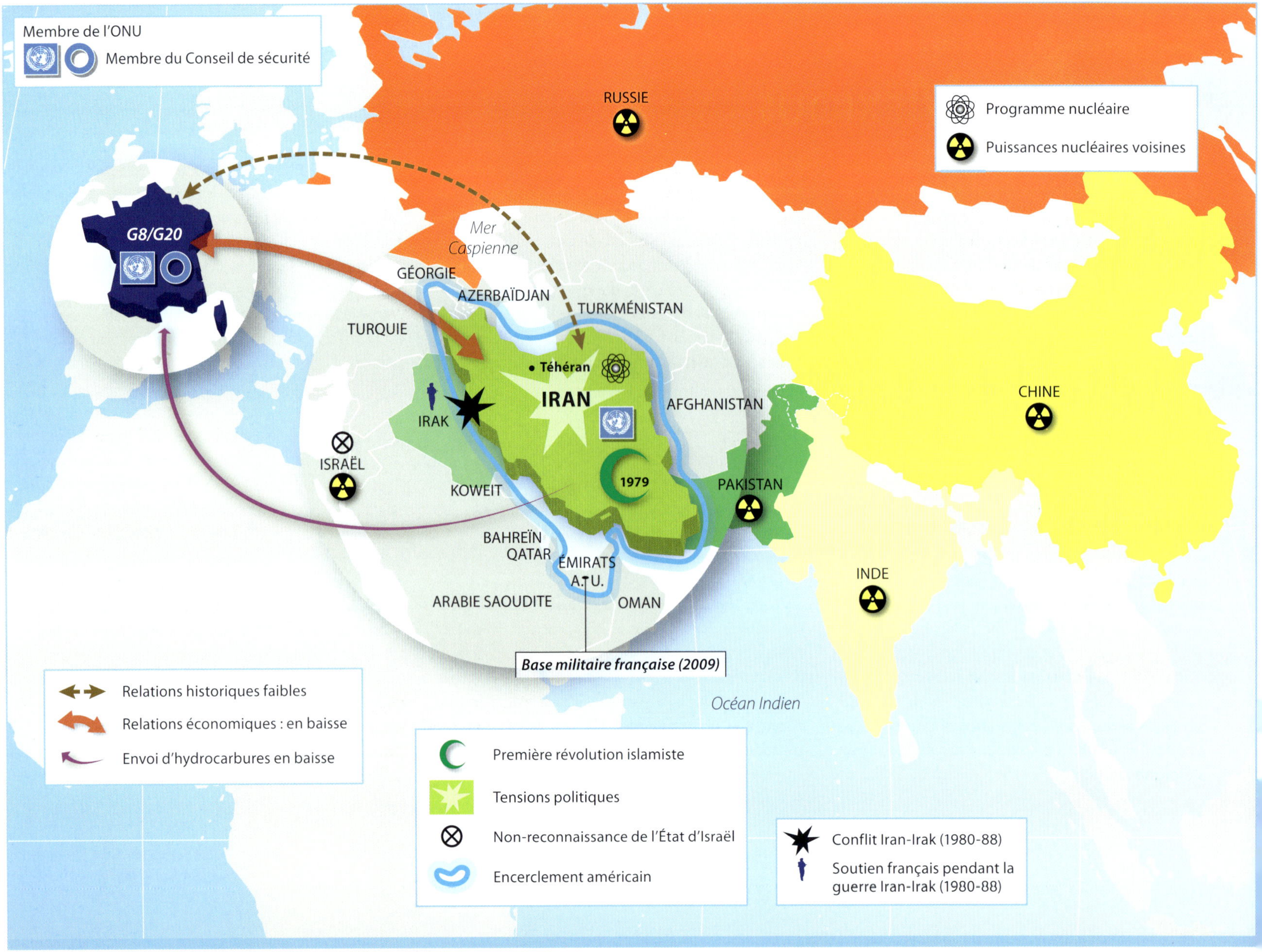
Membre de l'ONU
Membre du Conseil de sécurité
Programme nucléaire
Puissances nucléaires voisines
RUSSIE
G8/G20
Mer Caspienne
GÉORGIE
AZERBAÏDJAN
TURKMÉNISTAN
TURQUIE
Téhéran
IRAN
AFGHANISTAN
CHINE
IRAK
ISRAËL
KOWEIT
1979
PAKISTAN
BAHREÏN
QATAR
ÉMIRATS A.U.
ARABIE SAOUDITE
OMAN
INDE
Base militaire française (2009)
Océan Indien
Relations historiques faibles
Relations économiques : en baisse
Envoi d'hydrocarbures en baisse
Première révolution islamiste
Tensions politiques
Non-reconnaissance de l'État d'Israël
Encerclement américain
Conflit Iran-Irak (1980-88)
Soutien français pendant la guerre Iran-Irak (1980-88)

LA FRANCE ET…

L' IRAN

Bien que les premières relations directes entre la France et la Perse aient été établies par Louis XIII, elles restent politiquement et économiquement peu développées jusqu'à la Première Guerre mondiale.

À l'issue de ce conflit, la Perse passe sous influence britannique. Paris qui a reçu, du fait des accords Sykes-Picot de 1916, la bande de Mossoul qui lui est adjacente profite du départ des Russes et des Allemands, et de son absence de passé colonial en Perse, pour élargir son influence. Les Perses sont favorablement impressionnés par la victoire de la France en Allemagne et le prestige de Clemenceau. Le Shah envoie ses officiers en formation en France, qui sert également de modèle pour l'éducation secondaire et universitaire. Les relations diplomatiques sont rompues en 1938 au prétexte d'articles critiques sur le Shah (avant d'être rétablies avec le régime de Vichy).

Les guerres coloniales d'Indochine et d'Algérie ternissent l'image de la France et il faut donc attendre la fin de ces conflits et la présidence du général de Gaulle pour aboutir à une réconciliation avec l'Iran du Shah. Par la suite, l'Iran s'éloigne de la France, au profit d'une alliance avec les États-Unis qui veulent en faire un gendarme régional dans le Golfe arabo-persique et au moment même où la France développe ses relations avec les pays arabes et garde ses distances avec Washington. L'ayatollah Khomeiny se réfugie en France du 6 octobre 1978 au 31 janvier 1979. Son personnage fascine les Français, contrairement au Shah, perçu à la fin comme un dictateur. Au tout début de la révolution, la France jouit d'un immense prestige en Iran. Le début de la répression, l'afflux de réfugiés monarchistes, nationalistes de gauche ou musulmans libéraux, et surtout le soutien militaire et politique que la France, comme tous les pays occidentaux, accorde à l'Irak dans la guerre que ce pays lance contre l'Iran en 1980, vont conduire à une hostilité réciproque. Les Français considèrent que le régime iranien est devenu une dictature religieuse rétrograde. Les ayatollahs présentent la France comme un petit Satan à côté du Grand Satan américain. La France refuse de fournir de l'uranium enrichi à l'Iran, qui avait investi à partir de 1973 sous le Shah, dans l'usine d'enrichissement d'Eurodif. En 1985, des Français sont pris en otage au Liban, des attentats sont commis à Paris en 1986, apparemment commandités par l'Iran.

À la fin des années 1990, l'Iran semble adopter, avec le président Khatami, un ton plus modéré et améliore un peu ses relations tant avec Washington que Paris. Le discours sur « l'axe du mal » prononcé par George Bush en janvier 2001, la guerre d'Irak de 2003 (qui débarrassera Téhéran de son principal rival régional), l'élection d'Ahmadinejad en 2004 et surtout les soupçons grandissants sur le caractère en fait militaire du programme nucléaire iranien, conduisent à de nouvelles tensions très fortes. Nicolas Sarkozy, comme les autres occidentaux, durcit encore le ton par rapport à l'Iran, après 2007, en raison de son programme nucléaire et son hostilité à Israël, et après 2010, du fait de la répression du Printemps de Téhéran, consécutif à la réélection très contestée du président Ahmadinejad.

Nucléaire, Israël, droits de l' homme, les pommes de discorde sont nombreuses et durables

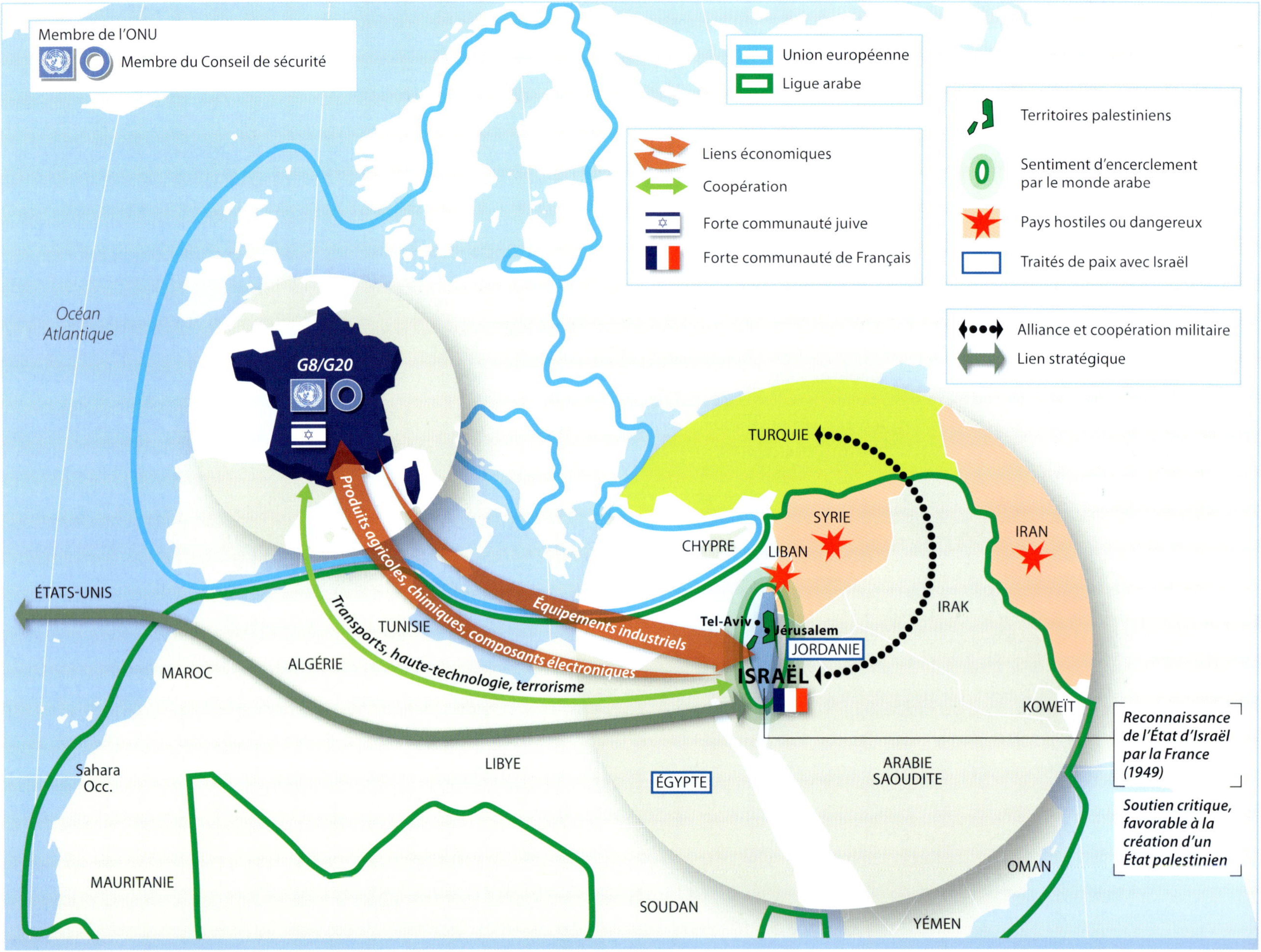
Membre de l'ONU
Membre du Conseil de sécurité
Union européenne
Ligue arabe
Liens économiques
Coopération
Forte communauté juive
Forte communauté de Français
Territoires palestiniens
Sentiment d'encerclement par le monde arabe
Pays hostiles ou dangereux
Traités de paix avec Israël
Alliance et coopération militaire
Lien stratégique
Océan Atlantique
G8/G20
Produits agricoles, chimiques, composants électroniques
Équipements industriels
Transports, haute-technologie, terrorisme
ÉTATS-UNIS
TUNISIE
ALGÉRIE
MAROC
Sahara Occ.
MAURITANIE
LIBYE
SOUDAN
ÉGYPTE
CHYPRE
TURQUIE
SYRIE
LIBAN
IRAN
IRAK
Tel-Aviv
Jérusalem
JORDANIE
ISRAËL
KOWEÏT
ARABIE SAOUDITE
OMAN
YÉMEN
Reconnaissance de l'État d'Israël par la France (1949)
Soutien critique, favorable à la création d'un État palestinien

LA FRANCE ET…

ISRAËL

En 1948, la France est le meilleur allié de l'État d'Israël naissant, créé à l'issue d'un affrontement militaire avec l'armée du Royaume-Uni car la Palestine était sous mandat britannique. La France offre au nouvel État un espace diplomatique entre les États-Unis, qui ne veulent pas compromettre leurs bonnes relations avec les pays arabes par une trop grande proximité avec l'État hébreu, et le régime soviétique dont la nature interdit une véritable alliance. La sympathie à l'égard d'un jeune peuple pionnier, le sentiment de culpabilité vis-à-vis de la politique du régime de Vichy, la solidarité avec une jeune démocratie entourée de régimes arabes autoritaires ou dictatoriaux, le sentiment d'avoir un ennemi commun, le nationalisme arabe, et la proximité personnelle de nombreux dirigeants débouchent sur une coopération politique, stratégique et militaire très poussée, y compris dans le domaine nucléaire.

La rupture de l'alliance en 1967 par le général de Gaulle, après la guerre des Six Jours, ses propos lors d'une conférence de presse où il évoque un peuple juif « sûr de lui et dominateur » et où il met également en garde sur le danger de l'occupation des territoires palestiniens, et le développement des relations avec les pays arabes, une fois levée l'hypothèque de la guerre d'Algérie, entraînent une détérioration profonde et durable des relations entre la France et Israël. Dans le même temps, l'alliance américano-israélienne se resserre. L'importance de la communauté juive française (la plus nombreuse d'Europe), les liens entre responsables politiques de haut niveau de tous bords et la reconnaissance réciproque de leur importance commune dans la région, permettent néanmoins de maintenir des relations étroites entre la France et Israël.

Des relations fortes mais chahutées

Ces rapports sont meilleurs lorsque le parti travailliste est au pouvoir – la droite israélienne n'hésitant pas à brandir l'accusation d'antisémitisme en cas de désaccord avec sa politique. L'élection de François Mitterrand, considéré comme le plus philosémite des présidents français, le premier à effectuer, en 1982, une visite en Israël, fait croire au début d'un retour à une coopération poussée. Mais l'affirmation de la nécessité de reconnaître le droit des Palestiniens à disposer d'eux-mêmes, et d'un État, surtout au sein du Likoud, pour qu'une paix véritable s'établisse dans la région, lui vaut de nombreux reproches en Israël, malgré son insistance à ce que la sécurité de ce pays soit garantie. Le refus de Jacques Chirac de boycotter Yasser Arafat après la reprise de l'intifada au début des années 2000, ainsi que son opposition à la guerre d'Irak, alimentent le préjugé d'une politique française trop conciliante à l'égard du monde arabe et hostile à Israël. Pourtant, les relations bilatérales entre les deux pays se maintiennent à un haut niveau, malgré le désaccord sur la paix au Proche-Orient. Élu en 2007, Nicolas Sarkozy est perçu comme un pro-israélien bien qu'il prône également la création d'un État palestinien.

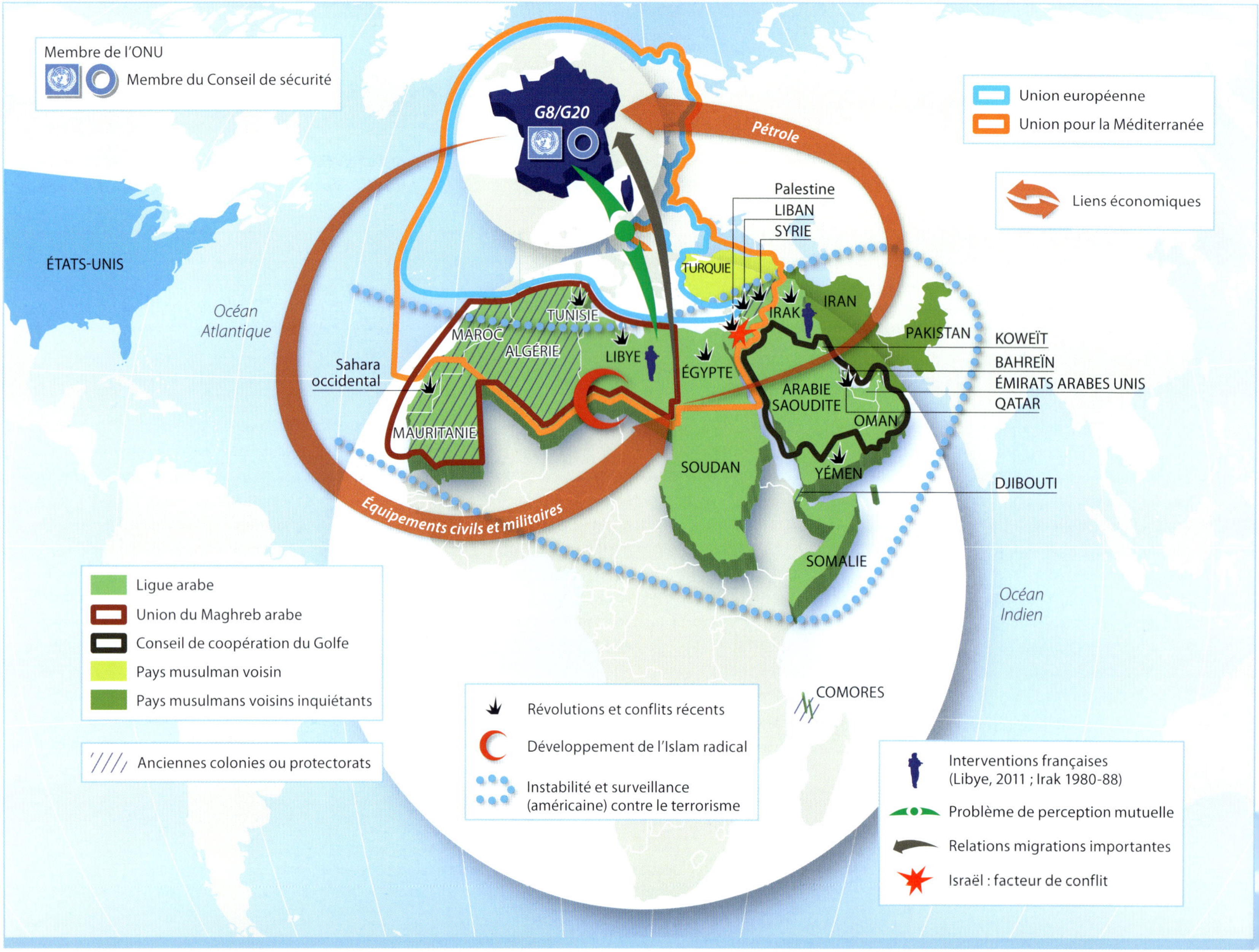

Membre de l'ONU
Membre du Conseil de sécurité
Union européenne
Union pour la Méditerranée
Liens économiques
G8/G20
Pétrole
Équipements civils et militaires
ÉTATS-UNIS
Océan Atlantique
Sahara occidental
MAROC
ALGÉRIE
TUNISIE
LIBYE
MAURITANIE
ÉGYPTE
SOUDAN
TURQUIE
Palestine
LIBAN
SYRIE
IRAK
IRAN
PAKISTAN
KOWEÏT
BAHREÏN
ÉMIRATS ARABES UNIS
QATAR
ARABIE SAOUDITE
OMAN
YÉMEN
DJIBOUTI
SOMALIE
COMORES
Océan Indien
Ligue arabe
Union du Maghreb arabe
Conseil de coopération du Golfe
Pays musulman voisin
Pays musulmans voisins inquiétants
Anciennes colonies ou protectorats
Révolutions et conflits récents
Développement de l'Islam radical
Instabilité et surveillance (américaine) contre le terrorisme
Interventions françaises (Libye, 2011 ; Irak 1980-88)
Problème de perception mutuelle
Relations migrations importantes
Israël : facteur de conflit

LA FRANCE ET…

La politique dans le monde arabe

Le terme de « politique arabe » de la France prête à confusion. D'une part, il vaudrait mieux parler de politique à l'égard du monde arabe. D'autre part, cette politique est souvent caricaturée comme étant faite de concessions mercantiles à l'égard du monde arabe et d'hostilité à Israël.

Sous la IVe République, les relations entre la France et le monde arabe sont nourries d'hostilité, entre l'intervention militaire franco-britannique et israélienne à Suez en 1956 et la guerre d'indépendance en Algérie. Le général de Gaulle arrive au pouvoir en 1958 afin de mettre fin à la guerre d'Algérie, mais en espérant peut-être y maintenir la souveraineté française. Comprenant que la France s'épuise dans ce conflit et que cela compromet son prestige international, il conclut les accords d'Évian de 1962 qui reconnaissent l'indépendance de l'Algérie. Une nouvelle page peut s'ouvrir dans les relations entre Paris, le monde arabe et plus largement le Tiers-Monde. La France cesse d'être vue comme une puissance coloniale réprimant par la force le droit des peuples à disposer d'eux-mêmes. Néanmoins, ses relations avec les pays arabes demeureront souvent difficiles.

Lorsqu'Israël déclenche la guerre des Six Jours en 1967, le général de Gaulle décrète un embargo sur les pays belligérants au Proche-Orient. En pratique, seul Israël est visé, car la France est son principal fournisseur militaire et son allié. En outre, de Gaulle met en garde contre les dangers de l'occupation des territoires palestiniens.

La position de la France, qui diffère de celle des autres pays occidentaux, beaucoup plus proches d'Israël, notamment les États-Unis, lui assure une très grande popularité dans l'ensemble du monde arabe. Or, en 1967, le pétrole est peu cher et le monde arabe n'est pas riche. Le virage de la diplomatie française s'explique donc par des raisons stratégiques et non commerciales. Après le quadruplement des prix du pétrole en 1974, la France développe ses relations économiques avec les pays arabes où elle demeure populaire parce qu'elle représente depuis la fin du gaullisme une alternative entre les États-Unis trop liés à Israël et l'Union soviétique communiste. La France signe des grands contrats d'équipements civils et militaires qui viennent alléger sa facture pétrolière.

Une politique arabe à réinventer

Elle apparaît petit à petit dans le monde occidental comme le pays le plus favorable aux Palestiniens, estimant que le règlement de la question palestinienne est indispensable pour assainir le climat stratégique au Proche-Orient et au-delà. À partir de François Mitterrand en 1982, elle parle d'État pour les Palestiniens. La France maintient les meilleures relations possibles avec Israël mais n'entend pas donner à Tel-Aviv un droit de veto sur ses relations avec les pays arabes ou musulmans.

Lorsque Saddam Hussein envahit le Koweït en 1990, la France participe aux côtés des États-Unis à la guerre du Golfe qui conduit à la libération du Koweït. Les États-Unis n'ont plus à subir la concurrence soviétique au Proche-Orient. En 2011, les bonnes relations avec les régimes en place empêchent la France comme les autres pays occidentaux d'être en phase avec les révoltes tunisienne et égyptienne, dans le tout début de ce que l'on a qualifié de « Printemps arabe ». Elle essaie par la suite de se rapprocher des nouvelles forces démocratiques arabes, pour accompagner utilement ce mouvement, elle agit dans ce sens au Conseil européen, au G8 et au G20.

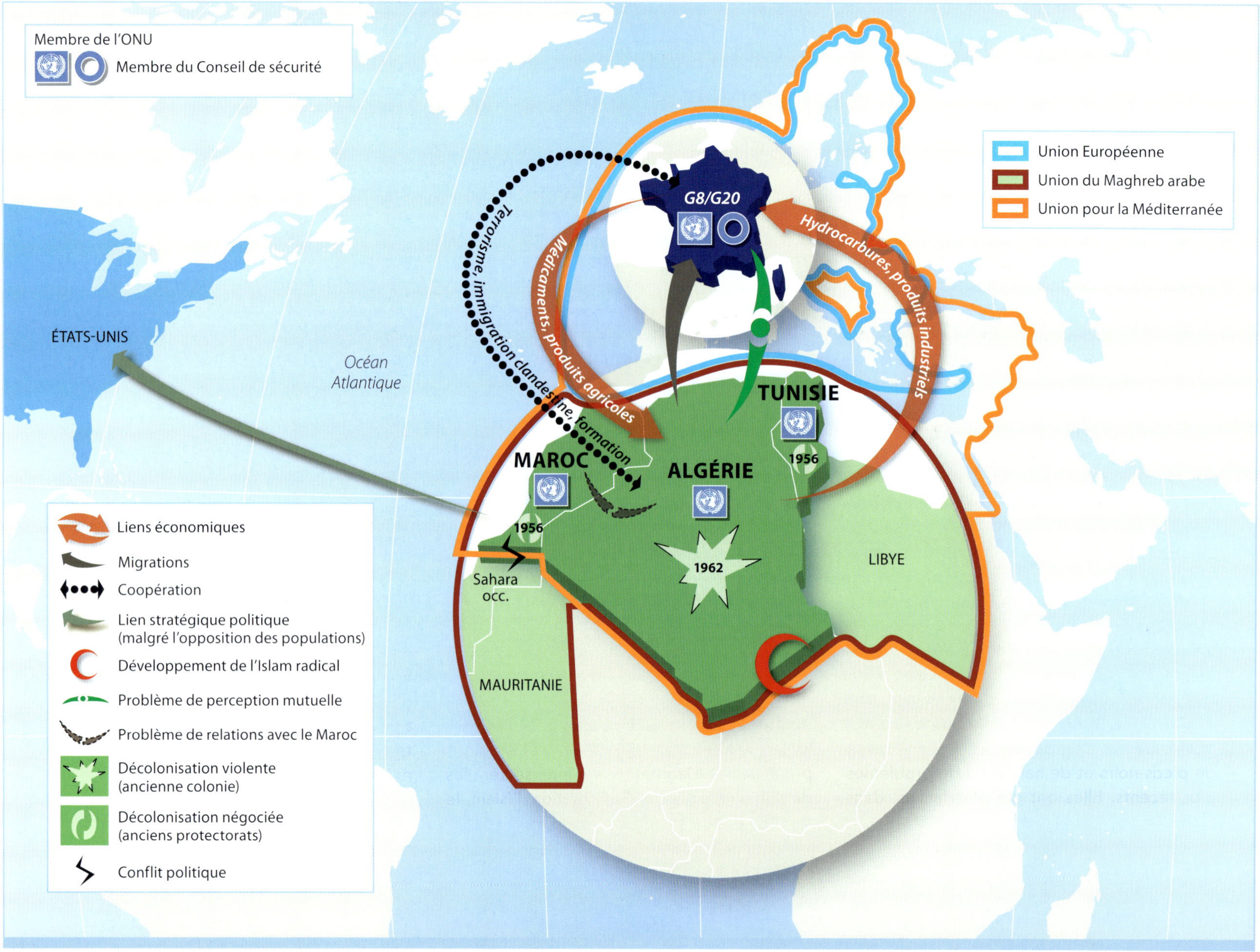
Membre de l'ONU
Membre du Conseil de sécurité
Union Européenne
Union du Maghreb arabe
Union pour la Méditerranée
G8/G20
Terrorisme, immigration clandestine, formation
Médicaments, produits agricoles
Hydrocarbures, produits industriels
ÉTATS-UNIS
Océan Atlantique
TUNISIE
MAROC
ALGÉRIE
1956
1956
1962
LIBYE
Sahara occ.
MAURITANIE
Liens économiques
Migrations
Coopération
Lien stratégique politique (malgré l'opposition des populations)
Développement de l'Islam radical
Problème de perception mutuelle
Problème de relations avec le Maroc
Décolonisation violente (ancienne colonie)
Décolonisation négociée (anciens protectorats)
Conflit politique

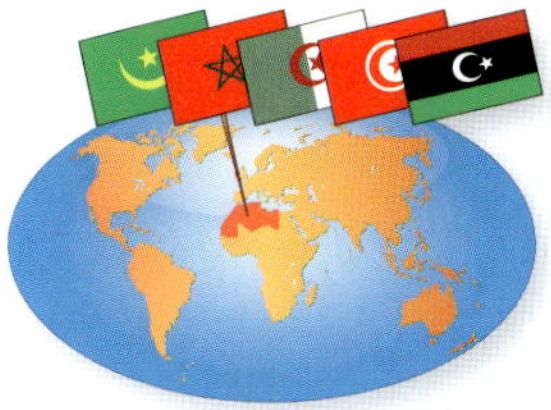

LA FRANCE ET…

LE MAGHREB

Les trois principaux pays du Maghreb ont été conquis par la France du milieu du XIXe siècle (Algérie) au début du XXe siècle (Maroc) en passant par la fin du XIXe (Tunisie). La France a construit sa domination sur des statuts juridiques différents : des protectorats (Tunisie, 1881 ; Maroc, 1912) administrés par des gouverneurs généraux (tel que le maréchal Lyautey au Maroc) ou bien des départements français (3 pour le Nord de l'Algérie, le Sud était sous administration militaire). Seule l'Algérie a fait l'objet, à partir de la fin du XIXe siècle, d'une politique méthodique de peuplement et de colonisation des terres ; la présence française a duré 132 ans en Algérie (indépendance en 1962) ; 74 ans en Tunisie (indépendance en 1955) et 44 ans au Maroc (indépendance en 1956).

Après les indépendances, les relations avec l'ancienne puissance coloniale ont fluctué selon les pays et les moments. Elles ont toujours été importantes, mais plus ou moins compliquées, avec l'Algérie du fait du passé (colonisation et décolonisation violente, longue présence, guerre de huit ans, départ brutal d'un million de pieds-noirs et de harkis) ou de problèmes plus récents. Elles ont été plus faciles, dans l'ensemble, avec la Tunisie (malgré quelques crises, dont Bizerte, base conservée par la France jusqu'en 1963) et le Maroc (en dépit de l'affaire Ben Barka, et des bagnes sous Hassan II). Les Présidents français successifs ont cherché à avoir les meilleurs rapports possibles avec les trois pays et de manière simultanée. L'Union du Maghreb arabe ne s'est en effet jamais concrétisée, en raison notamment du désaccord entre l'Algérie et le Maroc sur le Sahara, et de l'absence de relations normales entre les deux pays (frontière terrestre fermée). Cette volonté a parfois été rendue difficile malgré – ou en raison – des liens étroits (histoire, souvenirs, langue, culture, médias, communauté importante en France, parts de marché de la France au Maghreb, demandes de visas insuffisamment satisfaites) ou du fait de demandes algériennes spécifiques (repentance) refusées par la France. Les opinions publiques au Maghreb vivent intensément les débats en France sur l'immigration, l'Islam, le voile, et sont parfois choquées par certains arguments utilisés au nord de la Méditerranée. Néanmoins, les liens restent solides.

Une présence historique qui favorise, et fragilise aussi, les relations communes

En janvier 2011, les événements de Tunisie qui voient la chute du président Ben Ali suivie par celle du président Moubarak en Égypte (et entraînent une réforme constitutionnelle au Maroc), créent une situation nouvelle au sud de la Méditerranée, et donc pour la France et pour l'Europe.

Après s'être accommodée, comme toutes les autres puissances (l'Iran mis à part) du *statu quo*, la France aimerait, à l'instar des membres de l'UE et du G8, favoriser la réussite de la démocratisation. L'Union pour la Méditerranée, lancée en 2008, qui n'a pas déjà produit les effets escomptés, n'est pas pour cela un cadre très approprié, sauf pour favoriser des projets communs en accord avec la Commission européenne. Les pays riverains de la Méditerranée occidentale (les 5+5) ont en commun des liens économiques, culturels et humains plus intenses.

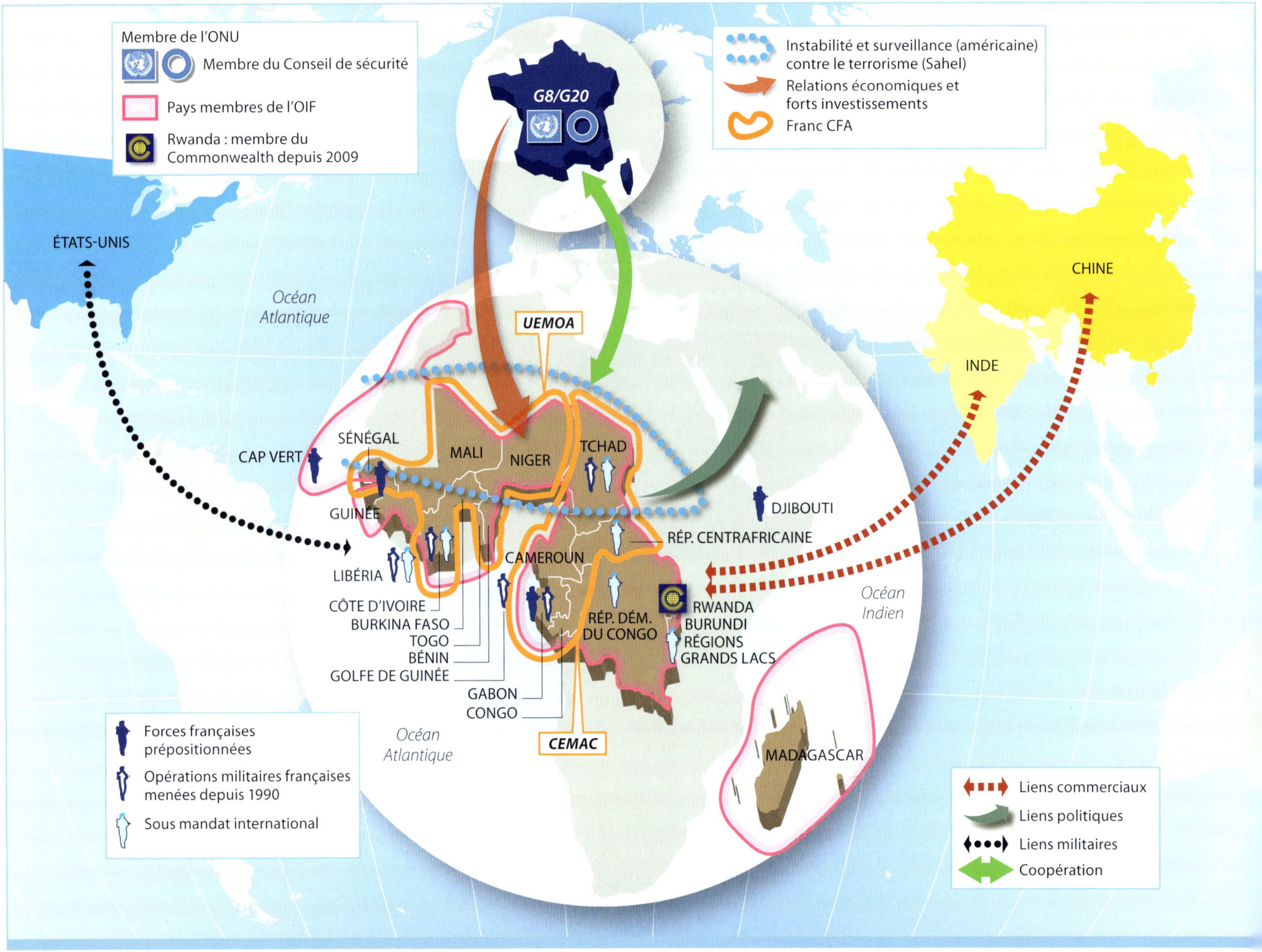
Membre de l'ONU
Membre du Conseil de sécurité
Pays membres de l'OIF
Rwanda : membre du Commonwealth depuis 2009
G8/G20
Instabilité et surveillance (américaine) contre le terrorisme (Sahel)
Relations économiques et forts investissements
Franc CFA
ÉTATS-UNIS
Océan Atlantique
UEMOA
CHINE
INDE
SÉNÉGAL
MALI
NIGER
TCHAD
CAP VERT
GUINÉE
DJIBOUTI
RÉP. CENTRAFRICAINE
CAMEROUN
LIBÉRIA
CÔTE D'IVOIRE
BURKINA FASO
TOGO
BÉNIN
GOLFE DE GUINÉE
RÉP. DÉM. DU CONGO
RWANDA
BURUNDI
RÉGIONS GRANDS LACS
Océan Indien
GABON
CONGO
CEMAC
Océan Atlantique
MADAGASCAR
Forces françaises prépositionnées
Opérations militaires françaises menées depuis 1990
Sous mandat international
Liens commerciaux
Liens politiques
Liens militaires
Coopération

LA FRANCE ET…

La politique en Afrique francophone

Au début du XXe siècle, la France possédait le deuxième empire colonial du monde, essentiellement en Afrique. La décolonisation des années 1950-1960 s'est accompagnée, à la demande de presque tous les nouveaux dirigeants et selon les souhaits de Paris, du maintien de liens forts entre la France et ses anciennes possessions, sur le plan économique, politique, administratif et même militaire. Pour les Africains francophones, la persistance d'une forte relation avec l'ancienne puissance coloniale constituait une garantie de stabilité et de sécurité pour faire face au défi des indépendances.

Pour certains Africains, la France conservait l'image du pays de la Révolution, de la liberté et des droits de l'homme. En outre, l'indépendance de la diplomatie française permettait de se tenir à l'écart des tumultes du conflit Est-Ouest. Par contraste avec l'Afrique anglophone, lusophone ou anciennement belge, victime après les indépendances d'une suite de conflits tragiques, l'Afrique francophone représente une certaine stabilité. Les nouveaux dirigeants des pays francophones ont fait leurs premières armes politiques au sein de partis français où ils y ont gardé de nombreuses relations personnelles. À partir des années 1980, les relations changent : les nouvelles générations remettent en cause les pouvoirs établis et, indirectement, le soutien accordé par la France aux États africains *via* des accords de défense et par des liens étroits avec les dirigeants en place. Ce mouvement s'amplifie après la chute des régimes communistes à l'Est et l'établissement de démocraties en Europe de l'Est. Dans son discours de la Baule en 1990, François Mitterrand lance un appel à la démocratisation en Afrique, qui inquiète les dirigeants, mais qui est favorablement accueilli par les opinions et provoque un bouillonnement favorable au changement. En réalité, dans la plupart des cas, les régimes restent en place. En France, certains privilégient la stabilité des rapports avec l'Afrique. D'autres reprochent à l'ancienne puissance de conforter des régimes autoritaires et peu performants économiquement, sourds aux aspirations des populations.

La France doit réinventer ses relations avec ses partenaires africains

Dans les années 1990, les jeunes Africains ont le sentiment d'être délaissés par la France. Ils se réfèrent aussi au débat public français où ce continent est associé à mauvaise gouvernance, guerre civile, corruption et absence de démocratie. La fin de la guerre froide relativise un peu le poids de la France en Afrique en ce qu'elle permet aux pays africains de diversifier leurs relations internationales et de sortir d'un tête-à-tête quasi exclusif avec Paris ou les autres capitales européennes. La puissance de la France, et des Européens, est perçue comme affaiblie. La France n'est plus la référence unique en Afrique francophone. En 2003, l'opposition française à la guerre d'Irak redonne un lustre nouveau à la France, de nouveau perçue comme le porte-parole des pays qui ont du mal à se faire entendre sur la scène internationale, comme dans les G8.

Les politiques plus restrictives d'immigration suscitent une rancœur chez les jeunes Africains qui voient se réduire l'accès à la France et plus largement à l'Europe et à ses opportunités. La France, qui était perçue auparavant comme un pays puissant et généreux, est désormais vue, comme les Européens en général, comme moins forte et plus égoïste. L'Afrique développe ses relations avec les États-Unis, la Chine, l'Inde, Israël, les pays arabes, le Brésil, mais ne veut pas non plus se priver de la carte européenne, et ne dépendre que des Chinois.

Conclusion

Options et scénarios à long terme

La question de l'avenir de la France s'inscrit dans un cadre plus large : l'extension au monde de l'économie de marché dérégulée, spéculative et instable ; l'augmentation de la population mondiale (sauf dans les pays européens) ; la montée des émergents et la relativisation du pouvoir des Occidentaux ; les signaux d'alarme écologiques ; les hésitations et les contradictions des Européens sur ce que doit être l'Europe.

La France a des handicaps qu'elle ressasse continuellement, notamment une compétitivité déclinante, un pessimisme profond – qui lui est propre – et une inquiétude face à l'avenir.

Elle possède pourtant de nombreux atouts (géographiques, historiques, culturels, linguistiques, économiques, scientifiques, diplomatiques...) qu'elle hésite à reconnaître comme tels, mais qui sont réels.

Parmi les scénarios possibles, il existe celui d'un *déclin particulier* de la France, plus marqué que celui de ses partenaires européens en raison de son incapacité politique à réunir un consensus sur les réformes et le sursaut nécessaires. C'est peu probable.

Le sort de la France sera vraisemblablement très lié à celui de l'Union européenne et des autres États membres, en tout cas ceux de la zone euro. Celle-ci devrait surmonter les crises de confiance ou les attaques des marchés, des années 2010-2011, dans son cœur au moins, car sa préservation est dans l'intérêt des grands pays, l'Allemagne en tête.

La France possède encore des atouts mal exploités

Malgré son poids statistique globalement avantageux, l'Europe aura du mal à s'imposer comme un vrai pôle de la mondialisation. Les opinions nationales qui divergent sur des points essentiels sont devenues assez hermétiques à l'influence des institutions européennes. Elles ne soutiennent plus la volonté « européiste » d'intégration toujours plus poussée des élites technocratiques ou économiques. Il existe aussi un risque d'isolationnisme pacifiste, ou de neutralisme, notamment allemand, qui rendrait chimérique, à court terme, toute ambition d'Europe puissance. Un sursaut collectif de mise en place d'une « puissance douce » n'est cependant pas à exclure.

La France peut, par conviction européenne ou lassitude, éviter de plus en plus de s'écarter du point moyen des 27 (et plus) États membres. Mais elle peut aussi, politiquement, continuer à jouer un rôle majeur en utilisant au mieux tous les atouts qui lui sont propres (tradition diplomatique, capacité militaire, entreprises globales, *soft power*, rayonnement linguistique) et qui lui permettent de continuer à agir par elle-même – seule ou avec l'Allemagne – mais aussi d'entraîner le complexe système de décision européen.

C'est tout à fait possible. À moins que la situation économique ne l'en empêche ou que la volonté ne suive plus.

matières

SOURCES CARTOGRAPHIQUES

Partie 1 : Les grandes étapes de l'histoire de France

Aux origines lointaines d'une nation / Gérard Coulon, *Les Gallo-Romains,* Armand Colin, 1985.
Des Mérovingiens à l'Europe carolingienne / Geneviève Bührer-Thierry et Charles Mériaux *La France avant la France,* Belin, 2010.
De la Francie occidentale au royaume de France / Florian Mazel, *Féodalités,* Belin, 2010.
La lutte franco-anglaise, la guerre de Cent Ans / Georges Duby, *Atlas historique mondial,* Larousse, 1987.
La menace du Saint Empire romain germanique / Michel Figeac, *Les affrontements religieux en Europe,* Sedes, 2008.
Louis XIV ou l'ambition de dominer l'Europe / Lucien Bély, *La France moderne* (1498-1789), PUF, coll. « 1er cycle » / Guy Richard, *Européens et espaces maritimes au XVIIIe siècle,* Paris, Éditions du Temps, 1997 / Jean-Pierre Poussou et al., *Espaces coloniaux et espaces maritimes au XVIIIe siècle,* Sedes, 1998.
De la Révolution française au Ier Empire / Jean Tulard, *La France de la Révolution et de l'Empire,* PUF, 2004.
Rivalités européennes et coloniales au XIXe siècle / Pierre Milza, *Napoléon III,* Perrin, rééd. « Tempus », 2007.
De la défaite de 1870 à la victoire de 1918 / Stéphane Audouin-Rouzeau, Jean-Jacques Becker, *Encyclopédie de la Grande Guerre,* Bayard, 2004.
1939-1945 : De la débâcle à la Libération / Antoine Prost, *Petite Histoire de la France,* Armand Colin, 2009.
La décolonisation / Bernard Droz, *Histoire de la décolonisation,* Seuil, « Points », 2009.
La France de la Ve République / Jean Garrigues, *La France de la Ve République,* Armand Colin, 2008.
La France depuis 1992 / Michelle Zancarini et Christian Delacroix, *La France du temps présent, 1945-2005,* Belin, 2010.

Partie 2 : Portrait de la France d'aujourd'hui

Caractéristiques géographiques de la France / Florence Smits, *Géographie de la France,* Hatier, 2007.
La population française / Insee ; Magali Reghezza-Zitt, *La France dans ses territoires,* Sedes, 2011.
Repères économiques et sociaux / Insee, Direction générale des douanes.
La compétitivité industrielle / Insee, Direction générale des douanes.
Énergie / EDF ; Jean-Pierre Favennec, *Géopolitique de l'énergie,* Technip, rééd. 2009.
Une puissance agricole / Insee, Direction générale des douanes ; INAO.
Sciences, recherche, innovation / Ministère de l'Enseignement supérieur et de la Recherche « L'état de l'Enseignement supérieur et de la Recherche en France », n° 4, déc. 2010 et n° 3, déc. 2009.
La francophonie et l'éducation / Organisation internationale de la francophonie, *La langue française dans le monde 2010,* Nathan.
Les médias / OJD 2010, La direction générale des médias et des industries culturelles (DGMIC)
Le sport / Jean-Pierre Augustin, *L'Olympisme : Bilan et enjeux géopolitiques,* 2004 ; Ministère des Sports.
Architecture / Robert Fossier, *Le Moyen Âge,* Tome 2, Armand Colin, 3e éd. 2001 / Unesco, Fondation Le Corbusier.
Industrie du luxe / Comité Colbert, « Le luxe, un atout de croissance pour l'Europe du XXIe siècle », étude 2008 ; LVMH et PPR, rapports d'activité 2010.
La première destination touristique au monde / Anamorphoses d'après P. Langlois, Université de Rouen, Direction du tourisme DSPES.
Santé et protection sociale Insee.
Environnement / Yvette Veyret, *La France, milieux physiques et environnement,* Armand Colin, 2004.
Gastronomie / Anthony Rowley, *Une histoire mondiale de la table,* Odile Jacob, 2009.
Défense / Ministère de la Défense.
Nucléaire militaire / CEA ; Bureau des affaires du désarmement Nations unies
L'engagement européen / Marie-Thérèse Bitsch, *Histoire de la construction européenne de 1945 à nos jours,* Complexe, 2004.

Partie 3 : La France dans la mondialisation

Royaume-Uni / Robert Tombs, *That sweet enemy,* Pimlico, 2007.
Espagne / Guy Baudelle, *Europe. Aménager les territoires,* Armand Colin, 2009.
Pologne / Ministère des Affaires étrangères.
Belgique / Didier Paris, « Lille, de la métropole à la région urbaine », *Mappemonde,* 2002 ; IGN-Belgique.
Italie / Marc Lazar, *L'Italie contemporaine,* Fayard, 2009.
Allemagne / Magali Reghezza-Zitt, *La France dans ses territoires,* Sedes, 2011.
États-Unis / Ministère des Affaires étrangères ; *Carto,* n° 4, 2001.
Russie / Pascal Marchand, *Atlas géopolitique de la Russie,* Autrement, 2007.
Chine / Ministère des Affaires étrangères ; François Gipouloux, *La Chine du 21e siècle,* Armand Colin, 2005.
Japon / Edwin O. Reischauer, *Histoire du Japon et des Japonais,* Seuil, « Points », 2007.
Australie / Ministère des Affaires étrangères ;
Inde / Ambassade de France en Inde.
Brésil / Bartolomé Bennassar et Richard Marin, *Histoire du Brésil,* Fayard, 2000 ; Ministère des Affaires étrangères.
Afrique du Sud / Ministère de l'Économie des Finances et de l'Industrie ; Philippe Hugon, *Géopolitique de l'Afrique,* Sedes, 2009.
Turquie / *Cahiers balkaniques,* n° 33, 2005 ; Ministère de l'Économie des Finances et de l'Industrie.
Mexique / Marc Fernandez, *Mexique : Histoire, société, culture,* La Découverte, 2010.
Iran / Ambassade de France en Iran.
Israël / Ministère des Affaires étrangères, Ambassade d'Israël en France.
Politique dans le monde arabe / IRIS-Observatoire des mutations politiques dans le monde arabe.
Maghreb / IRIS-Observatoire des mutations politiques dans le monde arabe.
Politique en Afrique francophone / Philippe Hugon, *Géopolitique de l'Afrique,* Sedes, 2009.

11014452-(I)-(12,5)-SAT 135-YTB-ACT- Dépôt légal : octobre 2011 . Imprimé en Espagne par Gráficas Estella.